W0399164

Stefanie Hiekmann

KOCH WAS DRAUS!

Was Spitzenköche aus 5 Zutaten zaubern

MIT THOMAS BÜHNER, CHRISTIAN ECKHARDT, TOM ELSTERMEYER, SASCHA STEMBERG, SARAH HENKE UND ANDEREN

EMF

EIN BUCH DER EDITION MICHAEL FISCHER

INHALT

VORWORT

Als die Idee für dieses Buch entstanden ist, habe ich hin und her überlegt: Sollte ich den Köchen jeweils fünf Zutaten meiner Wahl mitbringen, von denen sie vorher nichts wissen und aus denen sie ad hoc etwas kochen müssen? Was würde anders laufen, wenn sie die Zutaten vorher kennen? Oder wäre es vielleicht sogar besser, wenn sie ihre fünf Zutaten selbst auswählen und sich im Vorfeld in Ruhe Gedanken machen können, was sie daraus zaubern?

Ich habe mich für die letztgenannte Variante entschieden und die Wahl der Zutaten den Köchen überlassen. Eine Entscheidung, die ich für keines der zehn Kapitel bereut habe. Schließlich geht es hier nicht um ein Spiel, einen Wettkampf oder ein Kräftemessen, wie man es aus Kochshows wie »Kitchen Impossible« oder »Stadt, Land, Lecker« kennt. Es geht um die Produkte, die wir kennen und neu entdecken wollen. Um ihr kulinarisches Potenzial und raffinierte Ideen für zu Hause. Tipps und Kniffe, die wir von Spitzenköchen lernen können.

So hat jeder Koch und jede Köchin genau die Produkte ausgesucht, die zu ihm oder ihr passen. Es sind nicht irgendwelche Zutaten, sondern solche, die häufig und gern verarbeitet werden. Zutaten, die für den einen oder anderen sogar eine besondere Geschichte erzählen.

Ich war gespannt, wie die Reaktionen der Köche sein würden. Fällt es ihnen leicht, sich auf fünf Hauptzutaten zu beschränken? Wie kompliziert werden die einzelnen Rezepte sein? Wie unterschiedlich gehen die Profis an ihre Aufgabe heran? Und – hochinteressant – wie viel Spitzenküchen-Handschrift erkennt man am Ende wieder? Immerhin ist es ganz bewusst eine Challenge, die die Köche dazu auffordert, in Richtung Alltagsküche zu denken. Kochen für zu Hause und nicht für die Spitzengastronomie.

Wer durch die zehn Kapitel in diesem Buch blättert, die Reportagen liest und sich die Rezepte ansieht, wird überrascht sein, wie sensationell das Konzept aufgegangen ist. Tatsächlich haben wir es überwiegend mit absolut alltagstauglichen Produkten zu tun: Huhn, Knoblauch, Bundmöhren, Zwiebeln und Champignons sind zum Beispiel Zutaten, für die sich 2-Sternekoch Thomas Martin und sein Souschef Rüdiger Mehlgarten aus dem »Jacobs Restaurant«

im Hamburger Luxushotel »Louis C. Jacob« entschieden haben. Gurke, Gewürzgurken, Dill, Hafercrunch und Ziegenfrischkäse lagen bei Sternekoch Sascha Stemberg in Velbert auf der Arbeitsplatte. Und 3-Sternekoch Thomas Bühner, den ich nach der Schließung des weltbekannten Gourmetrestaurants »la vie« in seiner eigenen Küche zu Hause besuchen durfte, hat mit so simplen Produkten wie Sahne, Butter, Schalotten, Sellerie und Heu gearbeitet. Sicher, Heu landet zu Hause nicht alle Tage im Kochtopf. Doch gerade darum geht es ja: frischen Wind in die eigene Küche zu bringen. Da wird der Sellerie nicht einfach nur in Wasser, sondern auf gebuttertem Heu gedämpft. Das ist gar nicht schwer, dafür aber umso raffinierter im Geschmack und Esserlebnis – ganz ohne Hokuspokus!

Aus den fünf Zutaten durfte jeder Koch drei ganz unterschiedliche Teller kreieren. Ob Vorspeise, Zwischengang, Hauptspeise oder Dessert – der Kreativität waren keine Grenzen gesetzt. Pro Teller waren zwei Bonuszutaten erlaubt, um den Gerichten die nötige geschmackliche Abwechslung und aromatische Spannung zu verleihen. So wird beim Lesen und Nachkochen schnell klar, wie einfach es ist, vorhandene Ideen und Geschmacksbilder bereits durch kleine Handgriffe und wenige Zutaten so zu verändern, dass ganz neue Gerichte entstehen.

Wie die Köche reagiert haben? Ganz unterschiedlich! »Puh, das ist mal gar nicht so leicht! Da hast du dir ganz schön was ausgedacht!« In einigen Fällen bekam ich E-Mails oder WhatsApp-Nachrichten mit diesem oder einem ähnlichen Inhalt – ein schmunzelndes Smiley zum Glück inklusive. In anderen Fällen kamen vor dem Kochen noch Rückfragen: »Gehen Brühe, Zucker und Sahne als Grundzutaten durch oder müssen sie gezählt werden?«. Oder auch: »Ich möchte Schwein verarbeiten, darf ich verschiedene Stücke wählen, sodass wir verschiedene Gartechniken zeigen können?« Tatsächlich musste ich für dieses Projekt ein paar Regeln festlegen. Denn nur so geht eine 5-Zutaten-Spitzenküche wie diese auf. Wir wollten es aber auch nicht zu dogmatisch werden lassen. So zählten Zutaten wie Salz, Pfeffer und haushaltsübliche Öle (Sonnenblumen-, Raps- und Olivenöl) zu den erlaubten Basiszutaten. Darüber hinaus galt es, möglichst fokussiert zu bleiben: Keine Tricks, keine Schummelei.

Die einzige Ausnahme: das Dessert-Kapitel. Spitzen-Patissier Andy Vorbusch hatte – verständlicherweise –

darum gebeten, ihm einige Basiszutaten aus der »süßen Küche« zu überlassen, damit er auch spannende Elemente wie selbstgemachtes Eis, eine Schokoladencreme oder einen Nussschaum in seine Kreationen einarbeiten konnte. Und er hat ja Recht: Für ein vernünftiges Eis braucht es allein schon mal frische Eier, Zucker, Sahne und Milch. Wer einen einfachen Dessertschaum zubereiten möchte, kommt ebenfalls an Sahne und Milch nicht vorbei. Also haben wir die Grundzutaten für das Dessert-Kapitel angepasst – weil es eben auch eine andere Art der Küche ist: Zucker, Sahne, Milch, Eier und Stärke waren für das süße Kapitel als Basiszutat also erlaubt.

Wer mich kennt, der weiß, dass ich von Dogmen und allzu vielen starren Regeln – gerade beim Kochen! – nichts halte. Die 5-Zutaten-Küche diente für dieses Projekt ganz einfach als Leitfaden, als Idee, sich auf einige wenige Zutaten zu beschränken und das Beste aus ihnen herauszuholen. Fokussierung beim Kochen ist das Stichwort. Ich war gespannt darauf zu sehen, was vielfach ausgezeichnete Köche aus einer Handvoll Zutaten zaubern. Und vor allem wollte ich ein Buch schreiben, von dem wir lernen, über den Tellerrand zu »kochen«: Wie können wir bekannte Zutaten neu entdecken, durch eine neue Brille sehen? Wie, unentdecktes Potenzial in bekannten Produkten erkennen und nutzen?

Die schönsten Reaktionen kamen nach getaner Arbeit von den Köchen: »Das war wirklich spannend, auch für mich selbst, auf so etwas lässt man sich ja nicht alle Tage ein!« – diesen Satz habe ich so oder ganz ähnlich gleich mehrfach gehört. Darüber habe ich mich am meisten gefreut: Denn ein Projekt wie dieses funktioniert nur durch den tatkräftigen Einsatz von allen Köchen und Köchinnen, die ihr Wissen, ihre Gedanken und ihre Ideen beisteuern. Und da ist es mir als Autorin natürlich ein besonderes Anliegen, dass bei so viel Engagement alle Beteiligten glücklich und zufrieden sind. Und wenn man dann hört, dass es einem auch noch gelungen ist, einen Sternekoch in der Küche positiv herauszufordern, dann ist das kein ganz schlechtes Zeichen …

Ich freue mich sehr über dieses schöne Buch, vollgepackt mit wertvollen Tipps, Ideen, Rezepten und Anregungen, die in Ihren Küchen zu Hause nun bestenfalls noch zu sehr viel mehr spannenden Tellern führen sollten.

Haben Sie viel Freude beim Nachkochen, Entdecken und weiteren Experimentieren!

Stefanie Hiekmann

Silver

KOCH WAS DRAUS! – DAS PRINZIP

Was kreieren Spitzenköche aus nur 5 Zutaten? Welche Produkte suchen sie sich aus? Und: Was machen sie anders als Hobbyköche zu Hause?

Genau diese Fragen haben mich als Autorin zu diesem Kochbuchprojekt inspiriert. Nicht, weil ich einen Wettkampf, ein Spiel oder gar ein Kräftemessen organisieren wollte, sondern weil ich neugierig war, den Prozess zu beobachten und zu dokumentieren: Den Spitzenköchen bei der Arbeit über die Schulter zu schauen, zu sehen, welche Zutaten sie verwenden, wie sie an die Produkte herangehen, welche Zubereitungsmethoden sie wählen und wie sich ihre Herangehensweise von der eines Hobbykochs unterscheidet.

So ist das 5-Zutaten-Prinzip entstanden: Jeder Spitzenkoch hat sich im Vorfeld unserer Reportage, die in der Regel in der jeweiligen Restaurantküche vor Ort stattgefunden hat, fünf verschiedene Zutaten ausgesucht. Aus diesen Hauptzutaten haben die Köche jeweils drei verschiedene Rezepte entwickelt und in meinem Beisein nachgekocht. Gleich drei Gerichte, damit deutlich wird, wie verschieden und wie vielfältig sich die Produkte, aber auch die verwendeten Garmethoden in der Küche einsetzen lassen.

Damit es nicht eintönig wird und die Köche innerhalb der verschiedenen Gerichte auch geschmackliche und aromatische Unterschiede einbauen können, durften sie sich für jeden Teller zwei verschiedene Bonuszutaten auswählen. Genauso wie die Hauptzutaten sollten sie weitestgehend bekannt sein und im gut sortierten Supermarkt, Asien-Laden oder auf dem Wochenmarkt erhältlich sein.

Weniger Zutaten waren immer möglich. Nur mehr als die fünf Hauptzutaten und zwei Bonuszutaten waren nicht erlaubt. Salz, Pfeffer, Wasser und haushaltsübliche Öle, wie Sonnenblumenöl, Rapsöl und Olivenöl zählten als Grundzutaten, die immer frei hinzugezogen werden konnten.

Nur bei dem letzten Kapitel, dem Dessert-Kapitel, haben wir aus inhaltlichen Gründen eine Ausnahme gemacht: Da die Patisserie – insbesondere in Spitzenküchen – eine komplett eigene Rolle einnimmt (inhaltlich, personell, oft sogar räumlich), haben wir die Grundzutaten für das 10. Kapitel erweitert: Hier durften auch Zucker, Sahne, Milch, Eier und Speisestärke frei verwendet werden. Es sind Basiszutaten, die man als eifriger Bäcker oder Liebhaber der süßen Küche ohnehin immer zu Hause hat.

1 SPITZENKOCH

5 ZUTATEN

3 GERICHTE

1 2 3

2 BONUSZUTATEN JE GERICHT

= kreative Spitzenküche für zu Hause

ÜBER DIE REZEPTE IN DIESEM BUCH

Wer in zehn verschiedene Küchen geht, der sieht auch zehn verschiedene Küchenstile, zehn unterschiedliche Arten, Teller anzurichten, Produkte zu garen und Kreationen zu verfeinern. Genau diese Vielfalt, die sich in den Reportagen und Rezepten widerspiegelt, macht dieses Buch so spannend. Auf diesen Seiten sind ein paar grundsätzliche Tipps und Erklärungen zu Gartechniken, Portionsgrößen und Anrichte-Tricks sowie zur Küchenorganisation und zum Equipment kompakt zum Nachschlagen zusammengefasst.

GARTECHNIKEN

In den verschiedenen Kapiteln dieses Buches tauchen immer wieder andere Zubereitungsmethoden und Gartechniken auf: Kochen, Schmoren, Braten, Sous-vide, Entsaften, Reduzieren, Konfieren und Frittieren sind nur einige von ihnen. Die meisten dieser Techniken dürften bekannt sein, andere vielleicht noch nicht. Alle Gartechniken werden direkt in den jeweiligen Rezepten und Reportagen kurz erläutert. Das Garen unter Vakuum bei niedriger Temperatur (Sous-vide) ist eine Art der Zubereitung, die gerade auch für Hobbyköche zu Hause immer populärer wird. Vergleichsweise kostengünstige Sous-vide-Sticks (ca. 100 Euro), die sich nach dem Gebrauch platzsparend in der Schublade verstauen lassen, machen es möglich. Auf der folgenden Doppelseite gibt es daher eine kurze Einführung in die spannende Welt der Sous-vide-Möglichkeiten: Was bedeutet Sous-vide überhaupt? Warum setzen so viele Spitzenköche auf diese Garmethode und wie funktioniert der Zauber zu Hause?

PORTIONSGRÖSSEN

Alle Rezepte in diesem Buch sind so berechnet, dass sie jeweils 4 Portionen ergeben. Allerdings handelt es sich nicht immer um Hauptspeisen – oftmals sind auch Snacks, Vorspeisen oder Zwischengänge dabei, die als Teil eines mehrgängigen Menüs gedacht sind. Am besten, Sie schauen sich die Rezepte und Zutatenmengen vor dem Kochen immer genau an – denn Sie wissen am besten, wen Sie bekochen und wie groß der Hunger ist. Selbstverständlich können Sie aus einer Vorspeise auch einen Hauptgang machen oder umgekehrt: Wie Sie die Portionsgrößen anpassen, ist ganz Ihnen überlassen.

ANRICHTEN

»Wow! So ein schöner Teller – wie soll ich das bitte zu Hause hinbekommen?!« Wenn Sie sich das mit Blick auf den ein oder anderen hübsch angerichteten Spitzenküchen-Teller in diesem Buch bereits gefragt haben, schrecken Sie bitte nicht zurück! Denn oft braucht es einfach nur etwas Zeit, Fingerspitzengefühl und Geduld, dass die Teller genau so auch zu Hause gelingen. Drei wichtige Werkzeuge helfen als Basis-Tool allerdings schon sehr viel weiter: Schöne, auffällige und besondere Keramik- oder Steinzeugteller, die das Gericht unterstützen. Sowohl in der Form, als auch farblich. Außerdem praktisch: Servierringe mit unterschiedlichen Durchmessern. Mit ihnen lässt sich nicht nur Tatar in Form bringen – auch Gemüse, Salat oder andere Komponenten können mithilfe der kleinen oder größeren Edelstahlrahmen akkurat und fein säuberlich angerichtet werden. Für Flüssigkeiten, die nur punktuell auf den Teller gegeben werden, bieten sich kleine Pipetten an. Auch frisch gemixtes Kräuteröl lässt sich damit sehr gezielt und nur punktuell anrichten.

Außerdem dürfen Sie natürlich nach Herzenslust variieren und Ihre eigenen Ideen einbringen: Immer wieder werden in den jeweiligen Kapiteln Tipps genannt, wie ein Rezept auch lässiger angerichtet werden kann. Die Rehstulle von 2-Sternekoch Christian Eckhardt (s. S.32) muss zum Beispiel nicht rund ausgestochen und hoch akkurat mit frittiertem Sellerienest angerichtet werden. Der Reh-Aufstrich kann auch in einer hübschen Schale auf ein Holzbrett gestellt und das geröstete Brot, rustikal in Stücke gebrochen, rings um die Schale gelegt werden, dazu gibt es Preiselbeeren und gebröseltes Selleriestroh – so geht der lässige Brotzeit-Style! Sehen Sie die Art des Anrichtens immer nur als Anregung, Dinge zu Hause einfach mal anders zu machen.

KÜCHENORGANISATION

Wer schon mal in Ruhe durch die Kapitel geblättert hat, hat es sicher schon gemerkt: Einige Rezepte sind überraschend einfach, andere aufwendiger. Alle Rezepte sind aber so konzipiert, dass sie zu Hause definitiv machbar sind. Vor allem bei aufwendigeren Gängen empfiehlt es sich, die Zubereitungsschritte vorab genau zu lesen, um zu schauen, welche Schritte sich gegebenenfalls auch vorbereiten lassen. Oftmals ist es sinnvoll, Komponenten wie z.B. eine Hühnerbrühe (s. S.96; Kapitel Thomas Martin und Rüdiger Mehlgarten) oder auf Salz gebackenen Rote-Bete-Knollen (s. S.166; Kapitel Mitja Birlo sowie S.224; Kapitel Andy Vorbusch) oder gebeiztes Eigelb (s. S.162; Kapitel Mitja Birlo sowie S.182; Kapitel Tom Elstermeyer) bereits am Vortag zuzubereiten – in einigen Fällen, wie zum Beispiel beim gebeizten Eigelb, ist diese Vorbereitungszeit sogar notwendig.

Kochen macht dann am meisten Spaß, wenn es entspannt zugeht. Und dafür ist man als Koch in der Regel selbst verantwortlich – zumindest zu Hause. Eine ordentliche, gut organisierte Planung mit sauberem »Mise en Place« ist dafür schon mehr als die halbe Miete.

EQUIPMENT

»Spitzenküche zu Hause – da braucht man sicher zig Geräte und Apparaturen, die sonst kein Mensch zu Hause hat!« – falsch gedacht! Denn die Köche, die sich für die zehn Kapitel in diesem Buch ins Zeug gelegt haben, haben extra darauf geachtet, so zu arbeiten, dass alle Rezepte auch in der gut ausgestatteten Hobbyküche funktionieren. Empfehlenswert für ambitionierte Hobbyköche ist in diesem Zusammenhang ein Sahnesyphon (Sahnespender beziehungsweise Espumaflasche), der bereits zwischen 50 und 100 Euro erhältlich ist, sowie ein Sous-vide-Equipment, bestehend aus einem Vakuumiergerät und einem handlichen Sous-vide-Stick (beides zusammen etwa 150 Euro).

Achtung: Heiß!
caso DESIGN
VC10
Schweißen
Stop
Vakuum & Schweißen
1
2
3

SOUS-VIDE FÜR ZU HAUSE

In Spitzenküchen ist Sous-vide fast schon ein alter Hut: Es gibt wohl kaum irgendwo auf der Welt eine Gourmetküche, die ohne Vakuumiergerät und ein mehr oder weniger großes Sous-vide-Becken auskommt. Aus gutem Grund: Denn in den Vakuumbeuteln, denen innerhalb von wenigen Sekunden die Luft komplett entzogen wird, garen Fleisch, Geflügel, Fisch oder Gemüse bei niedrigen Temperaturen im zirkulierenden Wasserbad besonders geschmackserhaltend, man kann sogar sagen geschmackskonzentrierend.

Klingt mehr nach Labor als nach Küche? Mag sein. Doch wer das Vakuumgaren erst einmal für sich entdeckt hat, wird immer wieder darauf zurückgreifen. Denn über keinen anderen Weg kann das Gargut so kontrolliert, schonend und entspannt zubereitet werden wie mit der Sous-vide-Methode.

Je nachdem, ob Geflügel, Rindfleisch, Fisch, Garnelen, festes oder weiches Gemüse in den Beutel wandert, wird die Temperatur am Sous-vide-Gerät individuell eingestellt und so optimal auf das jeweilige Gargut abgestimmt. Das ist nicht unwichtig, denn ein Stück Rinderfilet kommt mit 54 Grad perfekt aus: Sobald der Kern des Fleisches diese Temperatur erreicht hat, ist es medium gegart. Wer sein Fleisch lieber medium well oder durchgegart isst, gibt noch 4 oder 6 Grad zu. Für Gemüse wie Spargel, Fenchel oder Möhren würde man die Temperatur von vornherein höher einstellen: Unter 85 Grad bricht die Zellstruktur des Gemüses nicht auf und die Konsistenz würde weitestgehend roh bleiben.

Insofern sollte man sich vor Beginn seiner ersten Sous-vide-Experimente erst einmal mit den grundlegenden Eigenschaften der verschiedenen Lebensmittel vertraut machen. Für besonders Interessierte gibt es mittlerweile sehr schöne Sous-vide-Bücher, die sich intensiv mit dem Thema auseinandersetzen. Wer lieber schnell mit dem Kochen startet, sucht sich eine ausführliche Tabelle, aus der die verschiedenen Temperaturen und Garzeiten für Fleisch, Geflügel, Fisch und Gemüse zu entnehmen sind.

KLEINER CRASHKURS: SOUS-VIDE FÜR ANFÄNGER

Gehen wir die wichtigsten Steps einmal Schritt für Schritt durch. Das Gargut wird zunächst sauber vorbereitet: Gemüse wird gewaschen, geputzt, geschält und geschnitten – je nachdem, um was es geht. Fleisch wird bei Bedarf pariert, ansonsten zugeschnitten und gesalzen. Je nach gewünschtem Geschmack lässt sich das Gargut neben Salz, Pfeffer, Butter oder Öl auch durch zusätzliche Beigaben wie Rosmarin-

oder Thymianzweige, etwas Ingwer, Chili oder Zitronenschale schon beim Garen im Vakuumbeutel aromatisieren.

Befinden sich alle Komponenten im Beutel (Achtung: etwa ein Viertel des Beutels frei lassen!), legt man die Beutelöffnung in das Vakuumiergerät und startet per Knopfdruck den Vakuumier- und Verschweißvorgang, der in der Regel nicht länger als 5 bis 10 Sekunden dauert. Dann ist der Beutel fest verschlossen, die Luft vollständig entzogen und es geht weiter im Kochtopf oder Wasserbecken.

Am Sous-vide-Gerät werden sowohl die Gartemperatur, wie auch die Garzeit präzise eingestellt. Es empfiehlt sich, bereits warmes oder bei höheren Gartemperaturen um 80 oder 85 Grad auch schon heißes Wasser in den Topf zu geben, sodass die Aufwärmzeit mit dem Sous-vide-Gerät nicht so lange dauert und unnötig viel Energie verbraucht. Hat das Wasser die gewünschte Gartemperatur erreicht, kommt der Beutel mit dem entsprechenden Gargut in den Topf beziehungsweise in das Becken und gart zwischen 30 und 60 Minuten (bei Gemüse und einigen Fischsorten), häufig aber deutlich länger, zwischen zwei und drei, auch gern bis zu 24 oder gar 48 Stunden (Fleisch) vor sich hin.

Sollte sich der Beutel störrisch zeigen und immer wieder an die Wasseroberfläche zurückkehren, einfach mit einem Gegenstand beschweren oder den Beutel mithilfe einer Kunststoff-Wäscheklammer am Topfrand befestigen. Wenn die gewünschte Temperatur und Garzeit erreicht ist, nimmt man den Beutel aus dem Wasser, öffnet ihn und richtet das Gargut wahlweise direkt an oder verarbeitet es, wie im Rezept beschrieben, weiter.

Und keine Sorge: Sollten Fleisch, Fisch oder Gemüse mal zwei, drei Minuten zu lange im Wasserbad verweilen, macht das gar nichts. Denn beim Vakuumgaren bleibt die Kerntemperatur da, wo sie ist. Sollte der Besuch also schon da sein und Sie stehen noch mit einem Glas Sekt oder Champagner im Wohnzimmer und amüsieren sich – keinen Stress aufkommen lassen. Sous-vide verzeiht in dieser Richtung locker ein paar Minuten Verspätung.

So einfach, so genial. Doch woran liegt es, dass die Sous-vide-Technik erst jetzt in den Hobbyküchen ankommt? Der Grund sind sogenannte Sous-vide-Sticks, die gezielt für Privathaushalte entwickelt worden sind. Sie lassen sich – anders als die großen Wasserbäder und Thermalisiergeräte in der Gastronomie – nach dem Gebrauch ganz praktisch im Küchenschrank verstauen. Die Sticks werden ganz einfach mithilfe einer Klammer an einem gewöhnlichen Kochtopf befestigt, das Wasser erwärmt – und los geht's. Sous-vide-Sticks gibt es inzwischen in unterschiedlichen Ausstattungen, einige sogar mit App-Steuerung. Preislich sind sie locker erschwinglich und liegen bei etwa 100 Euro. Rund 40 oder 50 Euro kommen noch mal für einen Vakuumierer hinzu. Ein Starter-Paket an Vakuumierbeuteln ist meist schon enthalten.

Für die ersten Versuchsläufe empfiehlt sich Gemüse mit einer vergleichsweise kurzen Garzeit zwischen 30 und 60 Minuten – so lässt das Erfolgserlebnis nicht zu lange auf sich warten. Spargel würzt man zum Beispiel einfach mit etwas Salz, Zucker und zwei, drei Butterwürfeln. Dann rund 25 Minuten bei 85 Grad im Vakuumbeutel garen – fertig! Und wer mag, packt gleich noch einen zweiten Beutel mit Spargel, in den zusätzlich noch ein paar Zweige Zitronenthymian kommen – einfach mal ausprobieren!

Wer sich danach fit für die nächsten Versuche fühlt, der findet im Kapitel von Sternekoch Benjamin Gallein (s. S. 59) gleich zwei passende Rezepte: Er bereitet Schweinshaxe über 24 Stunden und Schweinebacken sogar über 48 Stunden wunderbar zart im Sous-vide-Gerät zu – unbedingt ausprobieren!

ALLPAX
WORKING TIME
00 13
SET TIME
01 00
54.0 °C
SET TEMP 54.0 °C
SET
ALLPAX

CHRISTIAN ECKHARDT

EINFACH MAL **ETWAS ANDERES** ALS REH MIT ROTKOHL UND KLÖSSEN

CHRISTIAN ECKHARDT

PURS | ANDERNACH

2 MICHELIN-STERNE

REHWILD
KNOLLENSELLERIE
WALNÜSSE
SAUERTEIGBROT
CHAMPIGNONS

REHWILD
KNOLLENSELLERIE
WALNÜSSE
SAUERTEIGBROT
CHAMPIGNONS

1

Rehstulle

mit Selleriestroh

2

Geräucherter Sellerie

mit Rehschinken, Walnüssen und Champignons

3

Rosa gebratener Rehrücken

mit Sauerteig-Crumble und Zweierlei vom Sellerie

2 BONUSZUTATEN JE GERICHT

Preiselbeeren und Crème fraîche

Räuchermehl und Kerbel

Rehfond und Milch

REH MAL GANZ ANDERS!

Auf diese Küche bin ich besonders gespannt. Und zwar in vielerlei Hinsicht. Ich besuche Christian Eckhardt. Seine Frau Sarah Henke, die ebenfalls in diesem Buch an Bord ist und mit kocht, kenne ich schon eine Weile. Ich habe bereits für verschiedene Buchprojekte mit ihr zusammengearbeitet. Vor wenigen Monaten ist Christian nun zu ihr nach Andernach, in die Nähe von Koblenz gezogen, wo sie seit 2015 das asiatische Restaurant »YOSO« führt. Christian hat seinen Laden ein, zwei Straßen weiter: Das »PURS« hat gerade erst vor wenigen Monaten eröffnet und es wird zum Zeitpunkt meines Besuchs heiß in der Gastroszene als nächster 2-Sterne-Kandidat geführt. Knapp sechs Wochen später wussten wir: zu Recht!

Das »PURS« im kleinen, schnuckligen Andernach ist eines der gerade meist beachtetsten Restaurants in Deutschland, einer der neuen 2-Sterner, der sogar noch Potenzial für mehr mitbringt. Christians Küche ist detailreich. Auch fokussiert, ja. Aber nicht puristisch. Eine aufwendige Küche mit großem Wow-Effekt.

Was kocht ein 2-Sternekoch aus 5 Zutaten?

Was wird passieren, wenn sich ein 2-Sternekoch mit einer so detailverliebten Küche auf ein 5-Zutaten-Experiment einlässt?

Es ist früh. Zumindest für Köche. Um neun Uhr morgens treffe ich mich mit Christian im »PURS«. Himmlische Ruhe. Genauso hatte Christian es geplant: Sein Team kommt erst später, frühestens um halb zwölf. Bis dahin habe ich viel Zeit, um dem mehrfach ausgezeichneten Profi über die Schulter zu schauen – und natürlich auch, um ihn mit allerhand Fragen zu löchern.

Reh, Sellerie, Walnusskerne, Sauerteigbrot und Champignons liegen in seinem Einkaufskorb. Eine spannende Wahl. Vor allem, weil Reh dabei ist. Da denke ich direkt an Weihnachten, an große Feste, an besondere Anlässe. Und gerade das finde ich schön: Immerhin soll es in diesem Buch darum gehen, die unterschiedlichsten Zutaten neu zu entdecken. Alltägliche – wie Kartoffeln, Gurken und Dill –, aber eben auch edle Stücke vom Reh, Lamm oder von der Lachsforelle, die es zu Hause nicht alle Tage gibt.

Ich bin auf der Suche nach dem Neuem, dem Spannenden – den raffinierten Ideen für zu Hause.

Ich bin gespannt, wie Christian mit dem Fleisch umgeht: Welche Teile wird er wie zubereiten? Bei Reh denke auch ich erst mal an eher rustikales Beiwerk wie Rotkohl, Kartoffelklöße und dunkle Sauce. Und doch bin ich mir sicher, dass das, was Christian gleich aus dem Reh zubereitet, etwas ganz anderes sein wird als Wild, das in einem Landgasthof auf der Speisekarte steht. Und genau deshalb bin ich hier: Ich bin auf der Suche nach dem Neuem, dem Spannenden – den raffinierten Ideen für zu Hause.

Wir starten rustikal. »Rehstulle« steht auf der Liste, die Christian mir gerade auf der Arbeitsplatte herübergeschoben hat. »Das passt ja gerade total gut zum Stullentrend«, sagt er. »Ich hatte mir überlegt, dass ich drei verschiedene Gänge aus dem Reh koche. Eine Vorspeise, einen Zwischengang und eine Hauptspeise.«

Christian hatte mich im Vorfeld des Termins gefragt, ob es okay ist, wenn er verschiedene Teile des Tiers verarbeitet: Einmal ein Stück Rehbraten, wie jetzt gleich zu Anfang für die Rehstulle. Dann einen geräucherten und gepökelten Rehschinken für den Zwischengang und später, ganz klassisch, einen Rehrücken im Hauptgang. Ich war direkt angetan von dieser Idee. Damit bleiben wir beim Reh – einer Hauptzutat – und haben dabei sogar die Chance, unterschiedliche Facetten dieses spannenden Produkts kennenzulernen. Gerade für ambitionierte Hobbyköche bietet das noch mehr interessantes Wissen: Immerhin will jedes Stück vom Tier anders angefasst und verarbeitet werden.

Für die Rehstulle starten wir mit einem Stück Braten. Fertig zubereitet vom Metzger. Die meisten Fleischer haben die klassischen Stücke vom Schwein und vom Rind immer vorrätig. Ein Rehbraten hingegen muss oft vorbestellt werden. In vielen Orten gibt es aber auch Anbieter, die sich auf Wild spezialisiert haben. Es lohnt sich also, einfach einmal zu schauen, was die Region und die nähere Umgebung so bietet. Auch die örtliche Jägerschaft kann sich als gute Bezugsquelle erweisen.

Wie Rehbraten schmeckt? Ehrlich gesagt, ganz ähnlich wie anderer Bratenaufschnitt auch. Von der Brotzeit mit sauren Gürkchen und Tomaten zu Hause bei der Familie kennt man das: Dünn aufgeschnitten und mit etwas kalter Butter auf frischem Sauerteigbrot schmeckt Bratenaufschnitt wunderbar. Hier haben wir das Ganze nun in der etwas markanteren Wild-Variante.

REHSCHULTER SELBST SCHMOREN

Wer sich keinen fertigen Rehbraten vom Metzger holen möchte, kann auch selbst schmoren: Dafür die Rehschulter zunächst bei Zimmertemperatur 1–2 Stunden temperieren lassen, dann von allen Seiten im Topf anbraten und anschließend ganz klassisch mit Röstgemüse und Rotwein etwa 90 Minuten bei kleiner Hitze schmoren lassen.

Profi-Tipp: Die Keule schon vor dem Schmoren über Nacht in Rotwein einlegen. Den Wein dann später einfach für den Saucenansatz verwenden.

Wer noch selbst geschmorten Rehbraten oder Rehkeule vom letzten Sonntagsessen übrig hat, kann diese Abschnitte übrigens genauso gut verwenden: »Im Prinzip funktionieren auch Geflügelfleisch, Rinder- oder Schweinebraten«, sagt Christian. Da könne man einfach variieren und improvisieren. Gerade wenn im Gefrierschrank vielleicht ohnehin noch ein fertig zubereitetes Schmorstück auf seinen neuen Auftritt wartet.

So mag ich Kochen übrigens am liebsten: Wenn Rezepte spannende Anregungen geben, Produkte neu zu verarbeiten und neu zu kombinieren. Dabei muss es nicht genau nach Fahrplan gehen, wichtig ist eine spannende Grundidee, mit der es sich weiter experimentieren und Neues entdecken lässt.

Für die Rehstulle brauchen wir im Prinzip nur eine Pfanne und den Herd. Der Rehbraten wird sehr fein gewürfelt, die Champignons ebenfalls. Beides wird in der Pfanne in etwas Öl angebraten und bei kleiner Hitze gegart. Die Champignons haben gleich zwei Funktionen: Geschmacklich bringen sie fleischig-vollmundigen Umami-Geschmack ins Spiel, den Waldcharakter auf der Seite der Aromen und in der Textur sorgen sie für Saftigkeit. Letzteres ist entscheidend: Denn eines darf der Rehbraten in der Pfanne nicht werden: trocken.

SCHICK SERVIERT

Wer Canapés hübsch in Szene setzen möchte, investiert am besten in ein oder zwei Servier- oder Ausstechringe aus Edelstahl. Damit lassen sich Brot, Pasteten & Co. schnell in Form bringen. Das funktioniert auch für Gemüsenester aus frittiertem Gemüsestroh.

Sobald die Rehwürfel Wärme und etwas Flüssigkeit von den Pilzen angenommen haben, lassen sie sich leicht in der Pfanne zerdrücken, sodass die typischen Fasern sichtbar werden, die man von Schmorfleisch kennt. Grillkenner denken jetzt sicher an »Pulled Pork« – und genau darum geht es: Die einzelnen Fasern lassen sich jetzt leicht zupfen und zerdrücken. Alles etwas abkühlen lassen, mit Crème fraîche glattrühren, salzen und beiseitestellen.

Ein kurzer Blick auf die Uhr: Die Basis für unsere Rehstulle ist fertig und es sind gerade mal 5 Minuten vergangen. Christian möchte die Stulle nun in Form von kleinen, runden Canapés servieren. Das ist kein Hexenwerk, weil man ganz einfach mit einem Ausstecher arbeiten kann. Aber natürlich macht es etwas mehr Arbeit, als den Aufstrich schlicht mit geröstetem Brot zu servieren. »Das kann zu Hause jeder selbst entscheiden«, sagt der Spitzenkoch. Wenn es was zu feiern gibt, sich Besuch angekündigt hat oder man einfach mal Lust auf schicke Küche hat, nimmt man sich eben die Zeit und bringt Brot und Aufstrich in Form. Wer es aber rustikal mag und ganz simpel eine lockere Brotzeit anbieten möchte, der kann es sich genauso gut leicht machen: Brot rösten, Dip in die Mitte und los geht's ... »Ich würde es zu Hause auch als Brotzeit servieren«, gesteht der Sternekoch und schmunzelt. »Das, was wir hier machen, ist einfach ein bisschen was fürs Auge!«

Richtig schick ist übrigens auch der frittierte Sellerie, der jetzt noch ins Spiel kommt. Und auch hier gilt: Es sieht aufwendiger aus als es ist, versprochen! Der Sellerie wird geschält und ganz dünn geschnitten, besser noch: hauchdünn gehobelt mit der Aufschnittmaschine. Nun müssen Feinmotoriker ans Werk gehen, denn die dünnen Sellerieschreiben werden mit der Hand in feinste Streifen geschnitten, sodass eine Art Selleriestroh entsteht. Wem die Gemüsekörbchen, die wir daraus gerade in der »PURS«-Küche zubereiten, gut gefallen, der kann sie übrigens nach Herzenslust variieren: Das Spiel funktioniert auch mit anderen festen Gemüsesorten, wie zum Beispiel Kohlrabi oder Lauch.

Sind die Gemüsestreifen fertig, landen sie einfach auf dem Herd im heißen Ölbad (bestenfalls um 150–175 °C) und backen darin wenige Minuten knusprig-kross. Wer kein Thermometer hat, erkennt beim Frittieren übrigens leicht die richtige Temperatur, indem er einfach ein kleines Stück des Garguts (in diesem Fall Sellerie) mit der Pinzette in das heiße Öl hält. Steigen kleine Bläschen auf, ist die Temperatur hoch genug. Tut sich noch nichts, muss noch mehr Wärme her.

Nach dem Frittieren landen die feinen, knusprigen Selleriefäden direkt auf Küchenpapier und zwar in einem Ausstech- oder Servierring. So kühlen sie in der Form ab, die sie annehmen sollen: Voilà, das Sellerienest ist fertig!

Wer die rustikale Variante wählt, vernachlässigt die Nestform und lässt die frittierten Selleriefäden einfach als Stroh auf Küchenkrepp abkühlen und abtropfen. Einfach später ein wenig von dem Selleriestroh auf die Rehstulle geben – fertig ist unsere Reh-Knusper-Stulle!

Durch Früchte raffinierte Akzente setzen.

Eine seiner Bonuszutaten hat Christian für die Stulle bereits verwendet: Crème fraîche. Nun folgt die zweite: Preiselbeeren. Bei dieser Gelegenheit erfahren wir, dass auch Spitzenköche manchmal zu Konserven greifen. Und zwar immer dann, wenn es sinnvoll ist. Christian hat im Supermarkt klassische Preiselbeeren im Glas gekauft, wie man sie zum Beispiel zu gebackenem Camembert serviert. Allerdings hat er sie in einem Sieb gewaschen, sodass nur die einzelnen Beeren zurückbleiben. Die Preiselbeeren bringen so vor allem ihre Säure mit in den Aufstrich und nicht allzu viel Süße. Außerdem sieht es feiner aus. Wer sich die Arbeit nicht machen möchte, kann aber selbstverständlich auch einfach einmal ins Glas langen und einen Löffel Kompott verwenden. Im Zweifel bitte nur aufpassen, dass es nicht zu viel und zu süß wird. Und: Pfeffer nicht vergessen. Gerade bei einer ausgeprägten Süße sind die scharfen ätherischen Öle ein spannender Gegenspieler und machen die ganze Sache rund.

Und jetzt geht es ans Anrichten. Das frisch gebackene Sauerteigbrot wird zur Krönung von beiden Seiten in heißem Öl in der Pfanne gebraten, mit der Bratencreme bestrichen und mit Preiselbeeren, gerösteten Walnusskernen, dem Selleriestroh und ein wenig fein geschnittenem Selleriegrün serviert. Wenn er könnte, sagt Christian, würde er das Brot übrigens nicht in Öl, sondern in Butter knusprig braten. Aber der Einkaufskorb muss überschaubar bleiben ... Und seiner war eben schon voll. Also: Wer Butter im Kühlschrank hat, nimmt gerne diese und brät das Brot nur von außen knusprig an. »Im Innern muss es noch schön weich sein!« Und dann warm in den Mund ... sensationell.

Weiter mit Teller zwei: Es gibt Sellerie mit Rehschinken, gerösteten Walnusskernen und gebratenen Pilzen. Der Clou ist der Sellerie. Denn der wird geräuchert. »Und das geht zu Hause?«, ist meine erste Frage, als Christian mir die Idee präsentiert. »Kein Problem, man sollte eventuell nur die Brandmelder ausschalten …« Er schmunzelt. Nein, es sei wirklich alltagstauglich. Ich bin gespannt, was jetzt passiert …

Wenn ich sonst in Küchen unterwegs bin, sehe ich, wie die meisten Köche ihr Gargut im Grill räuchern. Nun gehen wir aber einmal davon aus, dass die meisten Hobbyköche zu Hause nicht einen Grill neben der Arbeitsplatte stehen haben. »Muss auch nicht sein«, sagt Christian und zeigt mir ein haferflockenähnliches Gemisch in einer großen Plastiktüte. »Das ist Räuchermehl.« Man kann es einfach über das Internet bestellen und damit auch zu Hause spannende und intensive Raucharomen ins Essen bringen.

Man riecht und schmeckt das raffinierte Raucharoma – ohne großen Hokuspokus!

Christian holt eine große, tiefe Pfanne und macht sie sehr heiß. Erst jetzt kommt das Räuchermehl hinein und wird stark erhitzt, bis es raucht. »Das darf ruhig richtig schwarz werden«, sagt der Sternekoch. Dann zieht er die Pfanne von der Platte, setzt den bereits mit der Schale gekochten Sellerie auf die Glut und zieht einen Bogen Alufolie straff über den Sellerie, sodass er darunter die Raucharomen annehmen kann. Wir nehmen die Pfanne samt Sellerie und qualmendem Räuchermehl und stellen sie 5–10 Minuten nach draußen – immerhin wollen wir den Rauch nur am Sellerie und nicht in der Küche haben. Dann holen wir das Gemüse wieder rein und schneiden den Sellerie in hauchdünne Scheiben. Man riecht und schmeckt das raffinierte Raucharoma – und es war gar nicht so schwer!

Die Schnittstärke ist hier übrigens entscheidend: Der Sellerie sollte etwa die gleiche Stärke haben wie der Schinken. In unserem Fall ist es der gepökelte Rehschinken, den man einfach so beim Metzger kaufen und dünn aufschneiden kann. Wer keinen Rehschinken bekommt oder frei experimentieren möchte, kann natürlich auch andere Schinken kaufen. Knochenschinken, Serrano-Schinken oder Schwarzwälder Schinken vom Schwein – je nach Produkt und Tier bekommt das Gericht natürlich immer wieder einen neuen Dreh.

RÄUCHERN FÜR ZU HAUSE

Mit Räuchermehl, das man leicht über das Internet bestellen kann, ist Räuchern auch zu Hause kein Problem. Das Mehl wird stark erhitzt, das zu räuchernde Produkt wird auf die heiße Glut gesetzt und fest abgedeckt, sodass der Rauch nur um das Produkt zirkuliert. Nach 5–10 Minuten sind bereits erste Ergebnisse zu riechen und zu schmecken. Neben Sellerie lassen sich auch andere Gemüsesorten oder sogar Schmand und Crème fraîche räuchern. Bei geräuchertem Aufstrich gilt: Den Aufstrich möglichst flach auf einen Teller streichen. Dann ist der Effekt intensiver als in einer kompakten Schale mit wenig Produktoberfläche.

Damit wäre die Hauptarbeit für den zweiten Teller schon getan. Was noch fehlt, sind kleine, gebratene Champignonviertel. Wobei Christian einen Teil der Champignons roh in hauchdünne Scheiben schneidet, so bringt er noch mehr Abwechslung auf Geschmacks-, Aromen- und Texturebene auf den Teller. Denn ein roher Champignon schmeckt nun einmal deutlich anders als ein gebratener.

Wer hat, kann für diesen Gang neben klassischen Walnusskernen auch schwarze aus dem Feinkostladen verwenden. Dafür werden Walnüsse unreif mit der Schale gesammelt, angepiekst und mit Läuterzucker aufgekocht. Insgesamt ein sehr langer Arbeitsprozess, sodass auch Christian sagt: »Lieber kaufen. Muss man nicht selber machen.« Wer einfach nur klassische Walnusskerne verwendet, bekommt den Teller aber genauso gut hin. Es ist einfach ein Angebot für alle, die diesen anderen Gesamtgeschmack von Walnüssen auch noch mit ins Spiel bringen möchten.

NACHGEFRAGT: ABSCHEISSEN

Dieser etwas vulgär klingende Begriff wird tatsächlich in nahezu jeder Profiküche verwendet. Wenn Mayonnaise gemixt wird oder Milchprodukte zu stark erwärmt werden, kann es passieren: Die Masse »scheißt ab«. So nennen es Köche, wenn sich eine Masse nicht verbindet (emulgiert), sondern gerinnt. Damit der Aufstrich nicht »abscheißt«, sollten Pilze und Fleisch bei der Zugabe nicht mehr heiß sein. Es gilt: Nichts zu Heißes mit zu Kaltem mischen – sonst entsteht keine homogene Masse.

Und schon richten wir wieder an: Christian verwendet eine tiefe Schale, in der er die einzelnen Komponenten nun auf- und nebeneinander schichtet. Die warmen Champignons kommen nach unten. »Man könnte übrigens auch nach Lust und Laune weitere Pilze mit rein nehmen, wie man mag!«, sagt der Sternekoch. Dann kommen die dünnen Scheiben vom geräucherten Sellerie und vom Rehschinken und zu guter Letzt die gerösteten Walnusskerne, die rohen Champignonscheiben und etwas Kerbel, den Christian sich für diesen Teller neben dem Räuchermehl als Bonuszutat ausgesucht hat. Wichtig: Bevor der Spitzenkoch die dünnen Selleriescheiben auf den Teller legt, gibt er sie noch mal kurz in eine Pfanne mit warmem Öl und salzt die Scheiben leicht. »Wenn ich könnte, würde ich auch hier Butter nehmen.« Er schmunzelt. Im Ernst, das sei seine Empfehlung für zu Hause: Einfach etwas braune Butter herstellen und die Selleriescheiben vor dem Anrichten noch einmal kurz hindurchziehen – sensationeller Effekt, versprochen! »Wer Lust hat, kann auch noch eingelegtes Gemüse mit reinbringen«, schlägt Christian vor. Gepickelter Kohlrabi oder gepickelter Sellerie, jeweils fein geschnitten – das passe alles sehr gut.

Für den Hauptgang kommt jetzt der Rehrücken ins Spiel. Er wird rosa gebraten und mit fein-cremigem Selleriepüree und gebratenen Pilzen serviert. Das Brot landet als knuspriges Topping auf dem Rehrücken und setzt der Kreation das i-Tüpfelchen auf. Aber der Reihe nach. Zunächst setzt Christian das Selleriepüree an. Ein einfaches, aber auch unglaublich verwandlungsfähiges Rezept, das man immer wieder kombinieren und einbauen kann. Der Sellerie wird geschält, walnussgroß gewürfelt, in etwas Öl angeschwitzt und leicht gesalzen. Mit Wasser und der Bonuszutat Milch (im Verhältnis 1:1) wird der Sellerie nun bedeckt und köchelt langsam vor sich hin, bis die Flüssigkeit fast vollständig reduziert ist. Anschließend alles fein mixen und mit Salz abschmecken. Schnittfest kommt der Sellerie übrigens gleich noch mal zum Einsatz: Wer möchte, verwendet ihn geräuchert, wie im Rezept mit dem Rehschinken beschrieben. Wer es gerade etwas milder mag, kocht die Knolle einfach in Salzwasser und hobelt dünne Scheiben herunter – auch das funktioniert wunderbar.

Der Rehrücken wird pariert, also von unschönen Ecken und Sehnen befreit. Diese Stücke aber bitte nicht wegwerfen, denn so, wie Christian es gerade vormacht, taugen sie noch ganz wunderbar für einen feinen Saucenansatz. Die Abschnitte dafür scharf anbraten, einige Selleriewürfel und Pilze zugeben und mit Wild- oder Rehfond (die zweite Bonuszutat) aufgießen. Ein gutes Stündchen offen einköcheln lassen und anschließend mit Salz und Pfeffer abschmecken. »Wer mehr Zutaten zur Verfügung hat als ich, könnte die Sauce auch noch ein bisschen abbinden und vor dem Rehfond etwas Rotwein auf Fleisch und Gemüse gießen«, wirft Christian ein. Ist notiert! Und wer noch mehr Zutaten zu Hause hat, der kann die Sauce auch am Ende zum Beispiel mit

Rosmarin, Thymian, Piment, Wachholder, Lorbeer und Nelke abschmecken. Aber das ist kein Muss, sondern nur eine Upgrade-Idee ...

Der Rehrücken wird scharf angebraten und landet dann erst einmal bei 130 °C (Umluft) im Ofen. Denn dort kann das Fleisch viel langsamer und präziser garen als in der heißen Pfanne. Während das Reh nun also im warmen Ofen sein Finish erhält, bereiten wir noch einen knusprigen Brot-Crunch zu. Beziehungsweise – um ehrlich zu sein – Christian hat das Topping bereits vorbereitet. Aus Sauerteigwürfeln, getrocknetem Selleriegrün, getrockneten Champignons und getrockneten Walnusskernen hat er ein leckeres und sehr intensives Knuspertopping gemixt, das gleich dekorativ auf den Rehrücken gestreut wird. Zugegeben: Bis alle Bestandteile getrocknet, geröstet und gemixt sind, vergehen mindestens ein, zwei Stündchen. Wer etwas alltagsnäher und pragmatischer herangehen möchte, würfelt das getrocknete Sauerteigbrot sehr fein und brät es einfach in Öl oder Butter in der Pfanne knusprig an. Nach Wunsch noch fein gehackte und geröstete Walnusskerne unterheben – fertig ist das Express-Topping.

Wir richten an: Der rosa gegarte Rehrücken ist perfekt gelungen. Ich möchte mir direkt ein Stückchen nehmen ... Wie gut, dass auch gleich eines abfällt, denn Christian schneidet den Rücken in die typische Gourmet-Rechteckform. Wer schon mal im Spitzenrestaurant Fleisch gegessen hat, der hat das schmale Rechteck von etwa 4 x 8 cm direkt vor Augen: Man könnte auf die Idee kommen, dass sich diese edle Form vor allem auch deshalb durchgesetzt hat, weil so immer ein bisschen was zum Probieren für die fleißigen Menschen in der Küche abfällt. Ich kann gerade nur sagen: gute Sache.

Natürlich kann man den Rehrücken auch zu Hause so anrichten – gerade, wenn der Teller besonders schick daherkommen soll. Man muss es aber nicht. »Würdest du es zu Hause so machen?«, frage ich Christian. »Nein, natürlich nicht!«. Ich bin beruhigt.

Reh in drei Varianten: Auf die Stulle, als Vorspeise und als festliches Hauptgericht.

Wir sind fertig: Drei sensationell leckere und beeindruckende Teller stehen bereit, die Rezepte und Bilder sind im Kasten. Was mir an diesen drei Gerichten besonders gefällt: Die einzelnen Komponenten lassen sich auch untereinander austauschen, kombinieren und nach Herzenslust erweitern. Geräucherter Sellerie, ein Aufstrich auf Bratenbasis, knuspriges Gemüsestroh und sensationeller Sauerteig-Crunch – einfach mal etwas anderes als Reh mit Rotkohl und Klößen.

REHSTULLE

MIT SELLERIESTROH

ZUTATEN FÜR 4 PORTIONEN ALS VORSPEISE ODER SNACK

ZUTATEN

FÜR DAS BROT:

2 EL Sonnenblumenöl

4 Scheiben Sauerteigbrot

FÜR DEN AUFSTRICH:

6 mittelgroße Champignons

2 EL Sonnenblumenöl

200 g geschmorte Rehschulter (fertig zubereitet vom Metzger oder vom Vortag)

4 EL Crème fraîche

Salz

Pfeffer

FÜR DAS SELLERIESTROH:

1 kleiner Knollensellerie (ca. 200 g)

500 ml Sonnenblumenöl

ZUM ANRICHTEN:

1 Handvoll Selleriegrün

3 EL gehackte Walnusskerne

2–3 EL Preiselbeeren (Glas)

AUSSERDEM:

Küchenpapier

4 Servier- oder Ausstechringe (optional; s. Tipp)

ZUBEREITUNG

Für das Brot das Öl in einer beschichteten Pfanne erhitzen. Die Brotscheiben darin von beiden Seiten goldbraun rösten. Auf Küchenpapier abtropfen lassen.

Für den Aufstrich die Champignons putzen und fein würfeln. Das Öl in einer Pfanne erhitzen und die Pilzwürfel darin anbraten. Die Rehschulter in kleine Würfel schneiden, zu den Pilzen geben und 2–3 Minuten bei mittlerer Hitze mit braten. Anschließend 10 Minuten abkühlen lassen, dann mit der Crème fraîche vermengen und mit Salz und Pfeffer abschmecken. Alles mit einer Gabel gut zerdrücken, sodass eine homogene Masse entsteht. Die Creme sollte von der Konsistenz wie ein Brotaufstrich sein.

Für das Selleriestroh den Sellerie putzen und mit Schale in hauchdünne Scheiben schneiden oder hobeln. Die Scheiben ebenfalls hauchdünn in Streifen schneiden. Die Streifen sollten in etwa die Länge und die Stärke von feinen Nadeln haben. Das Öl in einem Topf erhitzen. Die Selleriestreifen darin bei etwa 160 °C in 1–2 Minuten knusprig ausbacken. Das Selleriestroh aus der Pfanne nehmen und auf Küchenpapier abtropfen lassen.

Das Selleriegrün waschen, trocken schütteln und sehr fein schneiden. Die Walnusskerne in einer Pfanne ohne Fett goldbraun rösten bis sie duften. Die Preiselbeeren in ein Sieb geben und gut waschen, sodass nur die einzelnen Beeren zurückbleiben.

ANRICHTEN: Zuerst den Aufstrich auf dem gerösteten Brot großzügig verteilen und glatt streichen. Dann die gehackten Walnusskerne mit einigen Preiselbeeren auf den Aufstrich geben. Zum Schluss die Stulle mit Selleriestroh und Selleriegrün garnieren und direkt servieren.

SERVIER-TIPP: ***Für runde Canapés das Brot vor dem Anbraten mit einem Servierring ausstechen. Den Aufstrich in einem tiefen Teller kurz anfrieren, anschließend ebenfalls rund ausstechen. Den frittierten Sellerie direkt nach dem Frittieren in die Servierringe drücken, sodass kleine Nester entstehen. Wie im Rezept beschrieben anrichten.***

UPGRADE-TIPP: ***Für noch mehr Aromatik und Geschmack: Zum Brotrösten Butter statt Öl verwenden. Die leicht buttrige Note setzt dem Ganzen das i-Tüpfelchen auf!***

GERÄUCHERTER SELLERIE

MIT REHSCHINKEN, WALNÜSSEN UND CHAMPIGNONS

ZUTATEN FÜR 4 PORTIONEN ALS VORSPEISE

ZUTATEN

1 mittelgroßer Knollensellerie (500 g)

12 Walnusskerne

4 eingelegte, schwarze Walnusskerne (aus dem Feinkostladen, nach Belieben)

10 kleine Champignons

5 EL Sonnenblumenöl

Salz

Pfeffer

2 Stängel Kerbel

12 dünne Scheiben Rehschinken

AUßERDEM:

300–500 g Räuchermehl (so viel, dass der Boden des Gefäßes gut bedeckt ist)

Alufolie zum Räuchern

ZUBEREITUNG

Den Knollensellerie waschen und in einen Topf mit leicht köchelndem, gesalzenem Wasser (ca. 90 °C) geben. Er sollte gerade eben mit Wasser bedeckt sein. Den Sellerie für 30–35 Minuten kochen, anschließend direkt in kaltem Wasser abschrecken und zum Auskühlen in den Kühlschrank geben. Anschließend das Räuchermehl in einem Bräter erhitzen, bis es anfängt zu glühen und qualmen. Den Sellerie mit dem Wurzelansatz nach unten direkt auf das Räuchermehl setzen und mit Alufolie luftdicht abdecken und darin 5–10 Minuten räuchern. (Achtung: Große Rauchentwicklung! Am besten das Gefäß auf den Balkon oder in den Garten stellen).

In der Zwischenzeit die Walnusskerne grob hacken und in einer Pfanne ohne Fett rösten. Die schwarzen Walnüsse in dünne Streifen schneiden. 8 Champignons putzen und in Würfel schneiden. 2 Champignons in dünne Scheiben schneiden und als Deko zurückbehalten. 2 EL Öl in einer Pfanne erhitzen und die Champignonwürfel darin kurz rundherum anbraten, mit Salz und Pfeffer abschmecken, warmhalten.

Den geräucherten Sellerie in dünne Scheiben schneiden oder hobeln. Das restliche Öl in einer Pfanne auf mittlerer Stufe erhitzen und die Selleriescheiben darin einzeln kurz glacieren. Den Kerbel waschen, trocken tupfen und die Blättchen abzupfen.

ANRICHTEN: Die gebratenen Pilze in eine Schale geben, dann im Wechsel die Selleriescheiben und den Rehschinken auf die Pilze schichten. Abschließend die schwarzen Walnussscheiben und gerösteten Walnüsse darauf geben. Alles mit rohen Pilzscheiben und einigen Blättchen Kerbel garnieren.

UPGRADE-TIPP: ***Der geräucherte und fein gehobelte Sellerie kann auch in warmer Butter geschwenkt werden statt in Öl. »Richtig gut wird es mit Nussbutter«, sagt 2-Sternekoch Christian Eckhardt.***

ROSA GEBRATENER REHRÜCKEN

MIT SAUERTEIG-CRUMBLE UND ZWEIERLEI VOM SELLERIE

ZUTATEN FÜR 4 PORTIONEN ALS HAUPTGANG

ZUTATEN

FÜR DEN SAUERTEIG-CRUMBLE:

2 Scheiben Sauerteigbrot

2 EL Sonnenblumenöl

1 Handvoll Selleriegrün

3 Champignons

8 Walnusskerne

FÜR DEN REHRÜCKEN UND DIE REHSAUCE:

600–800 g Rehrücken

5 EL Sonnenblumenöl

1 Handvoll Selleriewürfel

1 Handvoll Champignons

500 ml Rehfond

Salz

Pfeffer

FÜR DIE SELLERIESCHEIBEN:

1 kleiner Knollensellerie

Salz

3 EL Sonnenblumenöl

ZUBEREITUNG

Am Vortag für den Sauerteig-Crumble die Brotscheiben in grobe Würfel schneiden. Das Öl in einer Pfanne erhitzen und die Brotwürfel darin goldgelb braten, beiseitestellen. Selleriegrün in der Mikrowelle etwa 1 Minute bei 600 Watt trocknen. Die Champignons in Scheiben schneiden und im Ofen bei 80 °C (Umluft) 2 Stunden trocknen lassen. Alles zusammen in einem Mixer geben und grob zerkleinern. Die Walnusskerne hacken und in einer Pfanne ohne Fett rösten, dann zum Crumble geben. Für eine Express-Variante das Selleriegrün und die Pilze weglassen und einfach nur das geröstete Brot hacken und mit den gerösteten Walnusskernen mischen.

Für die Rehsauce den Rehrücken von unerwünschten Teilen wie Sehnen, Haut und Fett befreien (parieren). Die Abschnitte für den Saucenansatz verwenden. 2 EL Öl in einer Pfanne erhitzen und die Abschnitte darin scharf anbraten. Sellerie- und Pilzwürfel hinzugeben und mit braten. Alles mit dem Rehfond auffüllen und etwa 1 Stunde offen einköcheln lassen. Dann die Masse durch ein Sieb passieren und die aufgefangene Sauce mit Salz und Pfeffer abschmecken. Kurz vor dem Servieren nochmals erwärmen.

Für die Selleriescheiben den Sellerie im Ganzen, wie im Rezept auf Seite 34 beschrieben, etwa 35 Minuten in Salzwasser kochen, anschließend mit kaltem Wasser abschrecken und im Kühlschrank auskühlen lassen. Nach Belieben auch räuchern oder einfach nur gegart in sehr dünne Scheiben schneiden. Vor dem Servieren in einer Pfanne im heißen Öl glacieren und leicht salzen.

Weiter geht's auf der nächsten Seite.

FÜR DAS SELLERIEPÜREE:

1 großer Knollensellerie (ca. 800 g)

2 EL Sonnenblumenöl

Salz

200 ml Milch

Muskatnuss (nach Belieben)

FÜR DIE GEBRATENEN PILZE:

16 kleine Champignons

3 EL Sonnenblumenöl

Salz

Pfeffer

Für das Selleriepüree die Sellerieknolle schälen und in walnussgroße Stücke schneiden. Das Öl in einem Topf auf mittlerer Stufe erhitzen und den Sellerie ohne Farbe darin anschwitzen und leicht salzen. Die Milch mit 200 ml Wasser mischen und den Sellerie damit ablöschen, dabei aber nur so viel Flüssigkeit zugeben, dass der Sellerie gerade bedeckt ist. Den Sellerie offen in 25-30 Minuten weich kochen, bis der Milch-Mix fast vollständig reduziert ist. Alles zusammen in einen Mixer geben und so fein wie möglich pürieren. Mit etwas Salz und 1 Prise frisch geriebener Muskatnuss nach Belieben abschmecken und warmhalten.

In der Zwischenzeit den Ofen auf 130 °C (Umluft) vorheizen. Den Rehrücken portionieren und mit Salz und Pfeffer würzen. In einer Pfanne das restliche Öl (3 EL) erhitzen und das Fleisch darin kurz scharf anbraten. Dann auf einen hitzebeständigen Teller geben und in den vorgeheizten Ofen schieben. Die Garzeit liegt, je nach Stärke der einzelnen Portionsstücke, bei etwa 9 Minuten. Das Fleisch alle 3 Minuten wenden, um eine gleichmäßige Garstufe zu erzielen. Nach dem Garen auf einen Teller legen und mit Alufolie bedeckt 5 Minuten ruhen lassen.

Während das Fleisch ruht, für die gebratenen Pilze die Champignons putzen und vierteln. Das Öl in einer Pfanne erhitzen und die Pilzwürfel darin unter Rühren rundherum anbraten. Sie sollten nicht zu dunkel werden, lediglich ein wenig Farbe annehmen. Salzen und pfeffern. Anschließend das Fleisch noch einmal für 5-10 Sekunden pro Seite in der heißen Pfanne nachbraten.

ANRICHTEN: Die warmen Pilze mit den Selleriescheiben auf einer Seite des Tellers anrichten. Das Fleisch daneben setzen und mit dem Brot-Crumble bestreuen. Auf der anderen Seite des Fleisches eine Nocke Selleriepüree anrichten und mit der Rehsauce angießen. Direkt servieren und genießen.

UPGRADE-TIPP: ***Wer mag, kann die Fleischabschnitte und das Gemüse zunächst mit 200 ml Rotwein ablöschen, diesen einköcheln lassen und erst im zweiten Schritt den Fond dazugeben: So wird der Geschmack noch intensiver! Wem die Rehsauce noch zu flüssig ist, bindet sie mit etwas Maisstärke ab. Und für eine feine, buttrige Note bei den Selleriescheiben und im Püree Butter oder Nussbutter statt Öl verwenden.***

SASCHA STEMBERG

DAS
BODENSTÄNDIGE
UND EINFACHE,
DAS SO GUT IST,
DASS ES
ÜBERRASCHT

SASCHA STEMBERG

HAUS STEMBERG | VELBERT

1 MICHELIN-STERN

SALATGURKE
GEWÜRZGURKEN
DILL
HAFER-CRUNCHY
ZIEGENFRISCHKÄSE

SALATGURKE
GEWÜRZGURKEN
DILL
HAFER-CRUNCHY
ZIEGENFRISCHKÄSE

1

Gurkentatar

mit Ziegenfrischkäse und knusprigem Hafer

2

Geeistes Gurkensüppchen

mit Smörrebröd und geräuchertem Saibling

3

Süß-saurer Gurkensalat

mit Ziegenkäse und Hafercrunch

2 BONUSZUTATEN JE GERICHT

Zitronensaft und Kaviar

Sauerteigbrot und geräucherter Saibling

klarer Apfelsaft und Limette

DAS EINFACHE NEU ENTDECKEN

Saschas Art zu kochen ist unverschnörkelt, klar und auf den Punkt.

Oft sind es die einfachen Dinge, die begeistern. Bei Küchenreportagen geht es mir häufig so: Die Tipps und Tricks, an die ich mich wirklich lange erinnere, sind die simplen. Das Einfache und Überschaubare, das überrascht. Sicher: Mit Luxuszutaten, wie Hummer, Steak und sündhaft teurem Filet macht man jeden Gast glücklich – gute Qualität und die richtige Zubereitung natürlich vorausgesetzt. Aber richtig spannend wird es doch erst, wenn stinknormale Zutaten, wie das Knuspermüsli aus dem Supermarkt, die Salatgurke vom Wochenmarkt oder Gewürzgurken aus dem Glas, mit denen Oma früher schon den Lieblings-Kartoffelsalat abgeschmeckt hat, zu kleinen Verwandlungskünstlern in der Küche werden. Genau diese Entdeckungen habe ich bei Sascha Stemberg gemacht.

Ich kenne Sascha schon eine Weile und habe ihn in seinem Restaurant in Velbert bereits häufiger für Geschichten und Reportagen getroffen. Für alle, die nicht direkt wissen, wo Velbert liegt: Man nehme sich die Deutschlandkarte, gehe von Nordrhein-Westfalen aus Richtung Bergisches Land und findet sich ziemlich mittig zwischen Essen und Wuppertal wieder. Ländlich und idyllisch gelegen, führt Sascha Stemberg den Familienbetrieb »Haus Stemberg« hier in fünfter Generation. Das Bodenständige und Einfache, das so gut ist, dass es überrascht – genau darum geht es in Saschas Küche. Denn alte Klassiker, wie Königsberger Klopse, Tafelspitz oder Wiener Schnitzel sind im »Haus Stemberg« fester Bestandteil der Karte. Jeder kennt sie, jeder hat sie schon mal gegessen. Doch hier serviert man die Klassiker so, dass sie in langer und besonderer Erinnerung bleiben. Ich habe mich gefreut, dass Sascha mir auch für dieses Buchprojekt direkt zugesagt hat. Denn seine Art zu kochen ist herrlich unverschnörkelt, klar und auf den Punkt. Und ja, trotzdem detailverliebt, durchdacht und mit Liebe serviert. Ganz im Ernst: Wer möchte davon nicht für zu Hause lernen?! Ein Blick in Saschas Einkaufskorb verrät: Es wird spannend und – vegetarisch! Er hat sich für Salatgurken, Gewürzgurken, Ziegenfrischkäse, ein fertiges Hafer-Crunchy aus dem Supermarkt und Dill entschieden.

Diese fünf Zutaten spielen auf den nächsten Seiten die Hauptrolle. Ein interessanter Korb! Er verspricht genau das, was ambitionierte Hobbyköche wollen: Bekannte Produkte neu entdecken, sie von einer ganz neuen Seite kennenlernen.

»Ich mag das Süße-Säure-Spiel.«

Es ist kurz nach 14 Uhr. Die Mittagsgäste sind raus, die Küche blitzeblank – jetzt haben wir schlanke drei Stündchen, um unser Menü zu kreieren, bevor der Abendservice auch schon wieder startet. »Schaffen wir locker«, sagt Sascha. »Die Gänge sind wirklich ultra-simpel!« Wir starten mit einem Gurkentatar. Frische Salatgurke und eingelegte Gewürzgurken werden fein gewürfelt und vermengt. »Ich mag das Süße-Säure-Spiel«, sagt der Sternekoch. Die frische Gurke kommt eher zurückhaltend und wenig intensiv daher. Ganz anders die sauren Gürkchen aus dem Glas. Wie der Name schon sagt, bringen sie durch ihre Zubereitung eine gute Portion Säure auf den Teller. Aber auch Salz und Süße sind bereits inklusive und können intelligent genutzt werden: Die Salatgurke wird so also von ihrem eingelegten Double nahezu perfekt abgeschmeckt und gewürzt, ohne auf zig andere Zutaten und Würzmittel zurückgreifen zu müssen – sehr clever! Sascha gibt einen kleinen Löffel Ziegenfrischkäse zum Gurkentatar. »Das ist ein Trick, sonst gibt es auf dem Teller gleich unschöne Ränder, weil die Bindung fehlt!« Jeder kennt das von zu Hause: Das Gemüse wird hübsch auf dem Teller angerichtet und ringsherum fließt die Sauce krisselig und wild umher. Das Problem? Einzelne Bestandteile trennen sich – die Bindung fehlt. Doch das Gegenmittel ist kein Hexenwerk! Nur durch eine kleine Portion Bindemittel, in diesem Fall Frischkäse, wird das optische Malheur verhindert. Ein guter Trick! Öl braucht es nun nicht mehr. »Der Ziegenfrischkäse ist fett genug. Und genügend Geschmack habe ich ja schon durch die süß-sauren Gurken«, erklärt der Spitzenkoch. Apropos Ziegenfrischkäse: Hier lohnt sich ein wenig Recherche. Denn der eine Käse ist kräftig und beinahe schnittfest, der andere cremig und so mild, dass man die Ziege kaum schmeckt.

SCHNELLES GEMÜSETATAR

So einfach, so schnell! Für ein Gemüsetatar braucht es nicht viel: Frische Salatgurke, Gewürzgürkchen, etwas Zitrone, Dill und Ziegenfrischkäse – vielleicht einfach 2–3 Scheiben Räucherlachs dazu – fertig ist das Abendessen! Wem das gefällt, sollte weiter kreativ sein und experimentieren: Paprika, Gurke und Minze oder Staudensellerie, Gurke und Dill. Klappt auch mit gegartem Gemüse: bissfester Sellerie, Möhren und Koriander, fein abgeschmeckt mit etwas Reisessig und geröstetem Sesamöl. Ergänzt um geröstete Kerne und einen Joghurt-Dip – wunderbar!

Die Unterschiede sind mitunter wirklich groß und ausschlaggebend für das Gericht. Sascha verwendet einen sehr milden Ziegenfrischkäse. Wenn man es nicht besser wüsste, könnte man glatt rätseln: Ist es wirklich Ziege oder sogar Kuh? Das ist gut so: Denn so stiehlt der Käse dem Gurkentatar nicht die Show. Wie auf jedem Teller geht es schließlich auch hier um die richtige Balance: Wer ist der Hauptdarsteller? Welche Komponenten unterstützen, welche sorgen für Spannung? Die fein gewürfelte Gurke ist und bleibt der Star für Saschas Vorspeise. Als Bonuszutat bringt der Spitzenkoch noch einen Spritzer Zitronensaft für eine frische und feine Säure ins Spiel. On top kommt kurz vor dem Servieren noch eine kleine Portion Kaviar auf das Tatar. Er bringt punktuell noch eine schöne Salzigkeit auf den Löffel – das Salz – statt Sahnehäubchen quasi. Das Fett aus dem Frischkäse ist ebenfalls wichtig: Es sorgt für die Mundfülle beim Essen und bindet das Ganze auf elegante Art und Weise. Fehlt noch der Hafercrunch: Er sorgt für feinen Biss, etwas Süße und minimale Salzigkeit am Gaumen. Hafercrunch ist salzig?! Schon – wenn er bei Sascha Stemberg im Regal steht: »Ich mische unter das fertige Knuspermüsli immer etwas Salz«, verrät der Küchenchef, »Das mache ich zu Hause für meine Familie genauso wie hier im Restaurant«, sagt er. »Funktioniert immer. Das ist wie beim Karamell, da gehört das Salz ja eigentlich auch dazu!« Das zusätzliche Salz macht den gerösteten Hafermix noch etwas spannender und hebt den Geschmack im Ganzen etwas an. Auch wenn in fast jedem Fertigmüsli bereits etwas Salz enthalten ist, schon eine zusätzliche Prise sorgt für einen Extra-Kick bei der Verwendung in der pikanten Küche. Ein erstes Fazit: Tatsächlich sind noch keine sieben Minuten vergangen und unser erster Gang ist fertig für das Foto. Alltagstauglichkeit bestanden!

»Ich mische unter das fertige Knuspermüsli immer etwas Salz.«

Auch für sein zweites Rezept hat Sascha in Sachen Aufwand nicht zu viel versprochen: Das grasgrüne, geeiste Gurkensüppchen ist binnen weniger Minuten servierfertig. Genauso auch das selbstgemachte Smörrebröd mit geräuchertem Saibling. Krustenbrot und Saibling sind in diesem Fall die Bonuszutaten, mit denen der Spitzenkoch etwas Varianz in das Aromen- und Geschmacksbild bringt. Das Brot wird hauchdünn geschnitten, mit Olivenöl bepinselt und zwischen zwei Bögen Backpapier beschwert in der Pfanne ausgebacken. Ein cooler Trick: Denn so wird das Brot wunderbar knusprig und saugt das gute Olivenöl auf, ohne dass es in der Pfanne zu starke Röstaromen annimmt. Nach dem Backen wird das Brot dünn mit Ziegenfrischkäse eingestrichen und mit geräuchertem Saiblingsfilet belegt – fertig ist das Express-Smörrebröd! Sascha legt es ganz schmuck auf den Rand der Suppenschale. So könnte man den Gang auch servieren, wenn sich Gäste zum Sommermenü auf dem Balkon oder zur schicken Gartenparty angekündigt haben. Etwas rustikaler wird's im Buffetstil: Dafür die Suppe einfach in kleinen Shots servieren und die Smörrebröd-Stullen auf einer langen Holzplatte daneben anrichten – wunderhübsch!

Wer einen Blick ins Rezept wirft, wird überrascht sein, dass ein so schöner (und geschmackvoller!) Gang nur eine Handvoll Zutaten benötigt. Auch hier liegt der Trick wieder im Detail: Die Gewürzgurken bringen so viel Raffinesse, Süße und Säure in die Suppenschale, dass neben gutem Olivenöl, etwas Salz, Pfeffer und dem Ziegenfrischkäse nichts mehr fehlt. Schnell gemixt und kühl serviert – für warme Tage ein absoluter Hit! Sicher, die Idee, mit eingelegten Gurken zu würzen, ist nicht neu. Wer in alten Familienrezepten stöbert, wird immer wieder darauf stoßen: Kartoffel- und Nudelsalate, aber auch Eintöpfe hat man gerade früher sehr gern mit einem Schuss Gurkenwasser abgeschmeckt. Bei Rote Bete funktioniert der Trick genauso: Die eingelegten, roten Knollen hinterlassen einen intensiven, säuerlich-süßlichen Saft im Glas, der sich toll für Dips auf Joghurt- oder Kichererbsenbasis oder auch für einen Herings- oder Matjessalat verwenden lässt. Aber aufpassen: Die Säure hat es in sich! Lieber erst dezent würzen und später nachlegen.

Das geeiste Süppchen samt selbstgemachtem Smörrebröd ist im Kasten, das Rezept notiert und wir machen in der Küche weiter im Menü.

Ein Nachtisch mit Gurken und Dill?! Ja, unbedingt!

Für seinen dritten Teller hat sich Sascha tatsächlich für ein Dessert entschieden. Ein Nachtisch mit Gurken und Dill?! Ja, unbedingt! Sogar eine dringende Nachkoch-Empfehlung! Denn frischer und überraschender kann ein sommerliches Menü kaum enden. Schauen wir dem Sternekoch wieder über die Schulter: Die frische Salatgurke liegt geputzt und samt Schale auf dem Schneidebrett. Sascha schneidet sie in hauchdünne Scheiben und mariniert sie in etwas Dill, Gewürzgurkenwasser, Limettensaft und -abrieb. Nach zehn Minuten legt er sie kreisförmig, leicht überlappend, in eine tiefe Schale. Etwa so, wie man es sonst von einem Carpaccio kennt. Doch wie wird aus diesem Gurkencarpaccio nun bitte ein Dessert?

GEMÜSE ALS DESSERT

In Spitzenküchen ist es tatsächlich ganz normal, Gurken, Staudensellerie, Fenchel oder auch grünen Kopfsalat im Dessert wiederzufinden. Mit Saschas Gurken-Carpaccio kann man sich auch zu Hause an diese Art der süßen Küche herantasten: Denn ein Dessert sollte zwar süß sein, muss aber nicht vor Zucker stehen – auch pikante Noten sind erlaubt.

Als Bonuszutaten verwendet Sascha beim dritten Teller klaren Apfelsaft und Limetten. Zwei Bausteine, die das Gurkencarpaccio nun geschickt in ein Dessert verwandeln. Die Limette liefert eine feine, fruchtige Säure, der Apfelsaft bringt etwas Süße in den Gang. Und zwar zusammen mit einer ordentlichen Portion Dill: Satte 250 Gramm Kraut landen im Mixer. Sascha gießt etwa die gleiche Menge Apfelsaft hinzu. »Das wird jetzt einfach fein gemixt und kurz passiert.« Noch etwas Limettensaft dazu – fertig ist der Dillsud. »Im Restaurant nehmen wir Ascorbinsäure, damit der Sud seine Farbe behält«, erklärt Sascha. Zu Hause funktionieren Limetten- oder Zitronensaft aber genauso gut. Zum Abschluss noch eine Nocke Ziegenfrischkäse und etwas leicht gesalzenen Hafercrunch oben drauf – schon geht der süß-saure Gurkensalat mit Hafercrunch und Ziegenfrischkäse völlig problemlos als Dessert durch. »Ich würde es hier im Restaurant als Pre-Dessert servieren«, sagt Sascha. So nennt man das erste von zwei Desserts, das in einem großen Menü nach dem Hauptgang eine Brücke zwischen der pikanten und süßen Küche schlägt.

Wer jetzt noch weiter variieren und experimentieren möchte, kombiniert das Ganze mit einer Kugel Zitronensorbet. Auch weiße Schokolade und Ananassaft könnten ins Bild passen. »Oder man macht ein Ziegenkäseeis«, schlägt Sascha vor. So wird es nicht zu süß, nur süßlich, wie es sich für ein gutes Dessert gehört.

STAUB

GURKENTATAR

MIT ZIEGENFRISCHKÄSE UND KNUSPRIGEM HAFER

ZUTATEN FÜR 4 PORTIONEN ALS VORSPEISE

ZUTATEN

1 große Salatgurke (ca. 300 g)

2 mittelgroße Gewürzgurken

2 EL Gewürzgurkenwasser

180 g milder Ziegenfrischkäse

Salz

Pfeffer

1 Spritzer Zitronensaft

4 EL Hafer-Crunchy (Supermarkt oder Bio-Laden)

1 Bund Dill (ca. 30 g)

40 g Kaviar (z. B. Prunier aus Frankreich)

ZUBEREITUNG

Für das Tatar die Gurke waschen, trocken tupfen und längs halbieren. Das Kerngehäuse mit einem Teelöffel entfernen und die Gurke fein würfeln. Die Gewürzgurken abtropfen lassen und in feine Würfel schneiden. Die Gurkenwürfel mit 2 EL Gewürzgurkenwasser verrühren und mit 30 g Ziegenfrischkäse abbinden und glatt rühren. Mit Salz, Pfeffer und Zitronensaft abschmecken. Das Ganze für ca. 10 Minuten ziehen lassen und bis zum Anrichten in einem Sieb etwas abtropfen lassen. Hafer-Crunchy mit 1 Prise Salz vermengen und mittelfein mörsern. Dill waschen, trocken schütteln und die Spitzen abzupfen.

ANRICHTEN: Das Gurkentatar mittels eines Servierrings auf 4 Tellern jeweils mittig anrichten. Die Oberfläche mit dem Hafercrunch bestreuen. Um das Tatar herum die fein gezupften Dillspitzen streuen. Den restlichen Ziegenfrischkäse (150 g) mit 2 Löffeln zu 4 Nocken abstechen und oben auf den Crunch setzen. Jeweils 10 g Kaviar auf die Ziegenfrischkäsenocken geben und das Tatar sofort servieren.

SERVIER-TIPP: ***Dazu passt am besten ein eiskalter Kümmelschnaps wie beispielsweise Aquavit.***

GEEISTES GURKENSÜPPCHEN

MIT SMÖRREBRÖD UND GERÄUCHERTEM SAIBLING

ZUTATEN FÜR 4 PORTIONEN ALS VORSPEISE ODER ZWISCHENGANG

ZUTATEN

FÜR DIE GURKENSUPPE:

1 Salatgurke (ca. 300 g)
1 mittelgroße Gewürzgurke
40 g milder Ziegenfrischkäse
50 ml Olivenöl
4 EL Gewürzgurkenwasser
Salz
Pfeffer

FÜR DAS SMÖRREBRÖD:

4 hauchdünne Scheiben Sauerteigbrot
4 EL Olivenöl
120 g geräucherter Saibling
60 g milder Ziegenfrischkäse
2 EL Hafer-Crunchy (Supermarkt oder Bio-Laden)
Salz
½ Bund Dill (ca. 20 g)

AUßERDEM:

Backpapier

ZUBEREITUNG

Für die geeiste Gurkensuppe die Salatgurke waschen, trocken tupfen, mit einem Teelöffel entkernen und fein würfeln. Die Gewürzgurke ebenfalls fein würfeln. Die Gurkenwürfel mit Ziegenfrischkäse, Öl, Gewürzgurkenwasser und 120 ml Wasser in einen hohen Mixbecher geben und mit dem Stabmixer fein pürieren. Danach durch ein feines Sieb passieren, nochmals mit Salz und Pfeffer abschmecken und bis zum Verzehr kühl stellen.

Für das Smörrebröd die Brotscheiben von beiden Seiten mit Öl bepinseln und zwischen 2 Bögen Backpapier in einer Pfanne mit einem Teller leicht beschwert goldbraun backen. Auf einem Stück Küchenpapier abtropfen lassen. Den Saibling in dünne Scheiben schneiden. Die Brotscheiben dünn mit Ziegenfrischkäse bestreichen und mit Saibling belegen. Den Hafercrunch leicht salzen und fein mörsern. Den Dill waschen, trocken schütteln und die Spitzen abzupfen. Jedes Smörrebröd mit ein wenig Hafercrunch bestreuen und mit den Dillspitzen garnieren.

ANRICHTEN: Die Gurkensuppe kurz vor dem Servieren noch einmal leicht schaumig aufmixen und auf 4 Teller, Shots oder Gläser verteilen. Mit Smörrebröd servieren.

SERVIER-TIPP: ***Am besten trinkt man hierzu einen feinherben, gut gekühlten Riesling.***

UPGRADE-TIPP: ***Anstelle von Wasser kann für die Suppe auch eine selbst gekochte Gemüsebrühe verwendet werden!***

SÜSS-SAUER GURKENSALAT

MIT ZIEGENKÄSE UND HAFERCRUNCH

ZUTATEN FÜR 4 PORTIONEN ALS PRE-DESSERT

ZUTATEN

FÜR DEN GURKENSALAT:

1 kleine Salatgurke (ca. 250 g)

½ Bio-Limette

1 EL fein gehackte Dillspitzen

2 EL Gewürzgurkenwasser

FÜR DEN DILLSUD:

2 Limetten

250 g Dill

200 ml klarer Apfelsaft

AUßERDEM:

4 EL Hafer-Crunchy (Supermarkt oder Bio-Laden)

Salz

120 g Ziegenfrischkäse

ZUBEREITUNG

Für den Gurkensalat die Gurke waschen, trocken tupfen und in feine, gleichmäßige Scheiben schneiden. Die Schale der halben Bio-Limette abreiben, den Saft auspressen. Die Gurkenscheiben mit Limettenabrieb, -saft, Dillspitzen und dem Gewürzgurkenwasser etwa 10 Minuten marinieren.

In der Zwischenzeit die Limetten auspressen. Den Dill waschen, trocken schütteln und zusammen mit dem Limettensaft und dem Apfelsaft in einen Standmixer geben und fein pürieren. Dabei nicht zu lange mixen, denn bei der Rotation entsteht Wärme, die den Sud mit der Zeit grau werden lässt!

Den Dillsud durch ein feines Sieb passieren und kalt stellen.

ANRICHTEN: Den Gurkensalat rosettenförmig auf 4 Tellern anrichten. Den Hafercrunch leicht salzen, mittelfein mörsern und mittig auf die Gurken streuen. Mit 2 Löffeln je 1 Nocke von dem Ziegenfrischkäse abstechen und auf den Hafercrunch setzen. Mit der restlichen Gurkenmarinade beträufeln. Zum Schluss den Dillsud vorsichtig um den Gurkensalat gießen und das Dessert direkt servieren.

SERVIER-TIPP: ***Dazu passt perfekt ein kühler Rosé Champagner mit ein wenig Restsüße.***

BENJAMIN GALLEIN

EIN **NEUES GESICHT** FÜR ALTBEKANNTE KLASSIKER

BENJAMIN GALLEIN

OLE DEELE | BURGWEDEL

1 MICHELIN-STERN

WEISSKOHL
SCHWEINEFLEISCH
SENF
CARABINERO
KARTOFFELN

WEISSKOHL
SCHWEINEFLEISCH
SENF
CARABINERO
KARTOFFELN

1

Gezupftes Eisbein

mit Krautsalat, Senfcreme und geflämmtem Carabinero

2

Geschmorte Schweinebacke

mit marinierter Senfsaat, Himbeeren und Krustentiersud

3

Gebratenes Luma-Kotelett

mit Kartoffel-Senf-Stampf, Weißkohl-Maki und Kaffejus

2 BONUSZUTATEN JE GERICHT

Kümmel und Limette

Himbeeren und Krustentierfond

Kalbsjus und Kahlua (Kaffeelikör)

DEFTIG UND KLASSISCH IM NEUEN GEWAND

Schweinefleisch, Weißkohl, Kartoffeln und Senf – denkt da jemand an Spitzenküche?! Die Auswahl klingt deftig, rustikal, fast bodenständig wie beim Gasthof nebenan. Wären da nicht noch die Carabineros (rote Riesengarnelen) als fünfte Zutat, so könnte man denken, der Einkaufskorb ginge mehr in Richtung Land- als Spitzenküche.

Doch die Produkte sind gerade typisch für Sternekoch Benjamin Gallein: Immer wieder nimmt sich der Küchenchef aus der »Ole Deele« in Burgwedel bei Hannover bekannte Küchenklassiker und regionale Spezialitäten vor, denen er gemeinsam mit seinem Team einen neuen Look verpasst: Klassiker »dekonstruieren« sagt man dazu im Fachjargon der Spitzenköche.

Ich habe Benjamin vor einigen Jahren in Osnabrück kennengelernt, als er mit seinem Team beim »Großen Gourmet Preis« gekocht hat. Die Idee dieser Veranstaltungsreihe ist einfach: Die besten Köche des Landes (in diesem Fall Niedersachsen) teilen sich für einen Abend eine Küche und kochen ein gemeinsames Menü. Jeder Koch steuert einen Gang bei, mit dem er sich und seine kulinarische Handschrift besonders authentisch präsentiert. So haben die Gäste die Chance, an nur einem Abend sechs ganz verschiedene Küchenstile zu schmecken und kennenzulernen.

Benjamin hatte zusammen mit seinem Team einen sogenannten »Borschtsch« im Gepäck: Ein traditioneller Rote-Bete-Eintopf aus Russland. Nichts Besonderes, werden jetzt viele denken. Im Grunde ein Arme-Leute-Essen. Doch genau das ist der Clou seiner Küche: Benjamin Gallein gibt alt bekannten Gerichten ein neues Gesicht.

Natürlich war so auch der Borschtsch, den er mit nach Osnabrück gebracht hatte, kaum wiederzuerkennen: Fein geschnittene Lauchscheiben wurden scharf angebraten und als Gemüsebasis in eine

tiefe Suppenschale gelegt. Fein gehobelte, bissfest gegarte Rote-Bete-Scheiben waren mit einem cremigen Kräuterschmand gefüllt und von Hand eingedreht und lagen als kleine Cannelloni neben den warmen Lauchscheiben. Dazu kamen einige Tupfen einer kalten, grasgrünen Kräutercreme sowie eines warmem Rote-Bete-Pürees. Hochkonzentriert und mit dem wohl intensivsten Rote-Bete-Geschmack, den man durch geschicktes Reduzieren von Aromen und Geschmack erreichen kann. Fehlt nur noch das warme, hauchdünn aufgeschnittene Kalbsherz und der eigentliche Borschtschfond, mit dem die kleinteilige Suppe unmittelbar vor dem Servieren aufgegossen wurde.

Tatsächlich sind die Zutaten typisch und original nach Rezept: Rote Bete, Lauch, frische Kräuter, Schmand und auch Kalbfleisch sind häufig die zentralen Bestandteile der traditionellen Borschtsch-Rezeptur. Die Spannung, mit der Benjamin Gallein das Gericht auf Sterneniveau gebracht hat, ist allein durch geschickt gewählte Gartechniken und einem Spiel aus Konsistenzen, Temperaturen und Schnittstärken entstanden. Das ist typisch für dekonstruierte Gerichte: Die Grundidee des Rezepts, die Aromen und Geschmäcker sind bekannt – und entführen manchmal sogar in Kindheits- oder Urlaubserinnerungen. Das neue Esserlebnis kommt allein durch die neue Zusammensetzung der Komponenten.

Das Ziel eines jeden guten Kochs: Emotionen wecken.

Senfeier, Grünkohl, Ente mit Rotkohl, Forelle Müllerin oder Pellkartoffeln mit Kräuterquark – all dies sind Rezepte, die in den vergangenen Jahren bereits in den Menüs von Benjamin Gallein aufgegriffen und dekonstruiert worden sind: Ein bewusstes Spiel mit den kulinarischen Erinnerungen des Gastes. So sind Emotionen geweckt – das Ziel eines jeden guten Kochs.

KLASSIKER NEU AUSGELEGT

Bekannte Gerichte wie Senfeier, Borschtsch oder Forelle Müllerin werden in Spitzenküchen gerne neu interpretiert.

Apropos Emotionen: Schauen wir noch mal in Benjamins Einkaufskorb. Schweinefleisch ist hier das zentrale Produkt. Spannend und mutig – denn es gibt tatsächlich Fleischsorten, denen ein besserer Ruf hinterher eilt. Nicht selten haben mir Köche schon in Interviews berichtet, dass sich Schweinefleisch irre schwer verkaufen lässt – eben aufgrund seines negativen Images. Allesfresser – wer will die schon auf dem Teller haben?! Übrigens dicht gefolgt von Hühnerfleisch – auch ein schwieriges Kapitel für viele Spitzenköche. Für viele Gäste ist Gourmetküche einfach fest mit den besten Stücken vom Rind, Lamm oder Wild verbunden.

Dabei kann auch Schweine- oder Hühnerfleisch von exzellenter Qualität sein. Man muss sich nur mit dem Produkt beschäftigen und die richtige Wahl treffen. Für unser Projekt hat Benjamin nicht nur besonders gutes Fleisch besorgt – ganz bewusst sind es auch verschiedene Stücke vom Schwein. Denn wie alle anderen Tiere auch besteht das Schwein eben aus deutlich mehr Stücken als dem allseits gefragten Filet.

Für seinen ersten Teller verarbeitet er Haxen. Sie werden bei Niedrigtemperatur im Sous-vide-Gerät fein gegart, anschließend gezupft und wie ein Tatar angerichtet und serviert – sensationell lecker!

Für seinen zweiten Teller verwendet der Sternekoch die Bäckchen vom Ibérico-Schwein. Ein oft vergessenes Produkt! Dabei kann man das Fleisch genauso toll zubereiten wie anderes Schmorfleisch und wie die deutlich populäreren Kalbsbäckchen auch. Benjamin gart die Schweinebäckchen im Sous-vide-Gerät, so werden sie ganz besonders zart und man muss sich trotz der langen Garzeit von 48 Stunden um nichts kümmern. Und bitte nicht vorschnell zurückschrecken: Die Garzeit ist beeindruckend, klar – das Ergebnis aber auch!

Wer es trotzdem lieber klassisch mit Herd und Kochtopf mag, der setzt die Bäckchen mit Fleischfond, Gewürzen und Rotwein wie gewohnt im Topf an und schmort sie auf kleiner Flamme mehrere Stunden vor sich hin. Auch auf diese Weise wird der Gang sensationell gelingen.

Für Teller Nummer drei greift der Küchenchef zum Kotelett. Und zwar vom Luma-Schwein. Dahinter verbirgt sich besonders hochwertiges Schweinefleisch aus der Schweiz, das durch das sogenannte Luma-Verfahren unter Verwendung von Edelschimmelpilzen reift. Viele Spitzenköche sind von der feinen Fleischqualität begeistert und setzen das Luma-Schwein gerne auf ihre Karte – ein regelrechter Imageschub, der das Tier wieder ein bisschen populärer werden lässt und ganz nebenbei zeigt: Schwein ist nicht gleich Schwein.

Benjamin brät das Kotelett nur kurz von beiden Seiten in der heißen Pfanne an. Der Rest findet im Ofen statt: Die Temperatur bleibt konstant bei 80 °C und das Fleisch gart langsam bis zur gewünschten Kerntemperatur vor sich hin. Warum das schonende Garen so sinnvoll ist? Durch hohe Temperaturen wird Fleisch schnell trocken – das Gegenteil von dem, was man möchte. Also: Fuß vom Gas, runter mit der Temperatur, um am Ende auch möglichst viel von der guten Fleischqualität zu schmecken.

Höchste Qualität, jeden Tag neu: Darum geht es in der Spitzenliga der Köche.

Tatsächlich stammen alle drei Rezepte, die Benjamin für dieses Projekt beisteuert, fast genauso von seiner aktuellen Speisekarte. Alle paar Wochen wechselt er die Gerichte entsprechend der Saison. Jetzt, im März, spielen verschiedene Stücke vom Schwein, Weißkohl, Senf, Kartoffeln und Carabineros, die roten Riesengarnelen, die Hauptrolle. »Wir machen das ein oder andere natürlich noch aufwendiger und komplexer«, sagt der Küchenchef, der in Kreisen von Foodjournalisten auch als Kandidat für einen zweiten Stern diskutiert wird. Hier noch ein Blättchen, dort noch ein Kraut, ein Stich Butter, etwas Zucker – Zutaten summieren sich irre schnell. Für unser Konzept gehen so lange Einkaufslisten natürlich nicht auf. Auch der Aufwand wird vielen Hobbyköchen zu Hause einfach zu hoch sein. Doch in der Spitzenküche muss das so sein. Da werden die vielen kleinen Tupfer, Blättchen und Komponenten sogar erwartet. Immerhin geht es hier nicht um einen x-beliebigen Kino-Abend, sondern eher um den Opern-Abend, den man sich nicht alle Tage gönnt. Höchste Qualität, jeden Tag neu: Darum geht es in der Spitzenliga der Köche. Je höher die Wertung, desto größer der Druck.

Und dennoch lassen sich die Grundideen aus dem Originalmenü der »Ole Deele« so reduzieren und modellieren, dass auch mit etwas weniger Arbeits- und Zutateneinsatz wunderbare und spannende Gerichte entstehen, die dann sogar zu Hause umgesetzt werden können.

Nehmen wir mal den Krustentierfond als Beispiel: Im echten Menü verwendet Benjamin Gallein selbstverständlich einen selbst angesetzten Fond, der in vielen Arbeitsschritten immer weiter zu einer feinsämigen, intensiven Jus verarbeitet wird. »Das würde ich zu Hause aber auch nicht machen«, sagt der Spitzenkoch und lacht. Hobbyköchen empfiehlt er, fertige Fonds zu kaufen. »Da gibt es durchaus sehr gute Qualitäten.« Es sei besser, mehr Zeit und Liebe in das Hauptprodukt zu investieren und sich eine gute Saucenbasis zu kaufen, die man selbst auch mit allergrößer Mühe nicht wirklich besser zu Hause hinbekommen würde. Klare Message: Was es in richtig guter Qualität zu kaufen gibt, darf man auch nehmen. Immerhin geht es zu Hause nicht um Sterne, Punkte oder kulinarische Höchstleistungen – sondern ganz einfach um Spaß am Genuss.

Den Krustentierfond verwendet Benjamin für seinen zweiten Teller: Die geschmorten Schweinebäckchen mit gefrorenen Himbeersegmenten, kleinen Kartoffelkissen, marinierter Senfsaat und knusprigem

Weißkohl. Damit aus dem flüssigen Fond eine sämige Sauce entsteht, lässt er den Fond im offenen Topf langsam reduzieren, sodass sich Geschmack und Aromen immer weiter verdichten und auch die Konsistenz langsam dickflüssiger wird. Ist die richtige Konsistenz und Intensität erreicht, kann er wahlweise pur zu den geschmorten Schweinebäckchen serviert werden, oder man verfeinert die Jus noch mit Kräutern, Gemüse oder Gewürzen – ganz nach Geschmack.

Auch beim dritten Teller, dem gebratenen Luma-Kottelett, wird für die Sauce ein klein wenig getrickst: Natürlich wird die Kalbsjus, die Benjamin für den Gang vorgesehen hat, in der »Ole Deele« immer selbst gekocht. Doch auch hier sei die Abkürzung über einen guten, zugekauften Fond für zu Hause absolut okay, vielleicht sogar sinnvoll, sagt der Spitzenkoch. Denn tatsächlich gehört das Ansetzen von Saucen zu den aufwendigsten Dingen im Spitzenküchenalltag: Bis aus ein paar Fleischabschnitten, Kochen und Gemüsewürfeln eine intensive Jus entsteht, vergehen gern mal zwei oder gar drei Tage.

So einfach und so genial!

Die Kalbsjus aromatisiert Benjamin für seinen dritten Teller mit etwas Kaffeelikör. Das klingt spannend, nicht?! Schon durch wenige Tropfen des süß-bitteren Likörs wirkt die dunkle Sauce viel kantiger, komplexer, interessanter. Eine schöne Idee – so einfach und so genial!

SAUCEN VERFEINERN

Durch Liköre, Säfte oder Früchte lassen sich einfache Saucen ohne großen Aufwand auch zu Hause variieren.

Solche Gedanken gilt es aufzugreifen: Nicht unbedingt 1 zu 1 wie im Rezept, sondern gern auch als Grundidee für neue Gerichte und Kreationen. Vielleicht gibt es andere Liköre, Öle, Essige oder Zutaten, die genauso einfach zum richtungsweisenden Werkzeug in der Küche werden können? Gar nicht mal nur bei Saucen – vielleicht auch bei einem Gemüsepüree, einem Kartoffelstampf oder einem Dip auf Joghurt- oder Schmandbasis. Ein paar Tropfen Dillöl unter eine weiße Gemüsecreme – so kommt Raffinesse, etwas Spannung ins Spiel! Oder der frisch aufgebrühte Kaffee in Thomas Bühners erstem Gang (siehe Seite 140), der mit etwas Sahne zu einem fluffigen Schaum gemixt wird und als cremiges Saucen-Topping zu gebackenem Sellerie serviert wird.

Genau dies sind die Tricks, die ich so gerne entdecke und sammle, wenn ich in Spitzenküchen unterwegs bin. Manchmal sind sie etwas versteckt, manchmal liegen sie auf der Hand. Fakt ist: Sie sind immer da, müssen nur entdeckt und wieder aufgegriffen werden.

GEZUPFTES EISBEIN

MIT KRAUTSALAT, SENFCREME UND GEFLÄMMTEN CARABINEROS

ZUTATEN FÜR 4 PORTIONEN ALS VORSPEISE ODER ZWISCHENGANG

ZUTATEN

FÜR DAS EISBEIN:

500 g gepökeltes Eisbein (vom Metzger)

Salz

Pfeffer

3 EL Rapsöl

FÜR DIE SENFCREME:

3 EL mittelscharfer Senf

2 EL Rapsöl

4 EL Eisbeinfond (vom Eisbein s. o.)

Salz

Pfeffer

FÜR DIE CARABINEROS:

2 Carabineros

Salz

Pfeffer

2 EL Rapsöl

ZUBEREITUNG

Das Eisbein am Vortag zubereiten. Dafür das Fleisch etwa 1 Stunde vor Beginn der Zubereitung aus dem Kühlschrank nehmen und bei Raumtemperatur temperieren lassen. Anschließend rundherum mit Salz und Pfeffer würzen. Das Öl in einer Pfanne erhitzen und das Eisbein darin von allen Seiten scharf anbraten und auskühlen lassen. Das Fleisch vakuumieren und im heißen Wasserbad (Sous-vide-Gerät) bei 64 °C rund 24 Stunden garen. Den austretenden Fond aus der Folie aufbewahren, er wird in der Senfcreme noch weiterverwendet und kann auch als Saucenansatz verwendet werden. Das Eisbein mit kaltem Wasser abschrecken, vom groben Fett befreien und das Fleisch in feine Stücke zupfen.

Am nächsten Tag für die Senfcreme den Senf mit dem Öl und dem Eisbeinfond mit einem Schneebesen zu einer glatten Creme verschlagen. Mit Salz und Pfeffer würzen.

Für die Carabineros die Köpfe der Riesengarnelen abdrehen, das Schwanzstück vorsichtig aus der Schale brechen, mit einer Pinzette den Darm entfernen und die Garnele in fingerdicke Segmente schneiden. Mit Salz und Pfeffer würzen und mit etwas Öl beträufeln. Die Krustentiersegmente mit einem Flambierbrenner von allen Seiten scharf flambieren, wobei das Innere glasig bleiben sollte. Wer keinen Brenner hat, gibt die Segmente mit Öl benetzt auf einen Teller, deckt sie mit Klarsichtfolie ab und gart sie bei 70 °C (Umluft) für 4 Minuten im Backofen.

Weiter geht's auf der nächsten Seite.

FÜR DEN KRAUTSALAT:
1 kleiner Weißkohl (ca. 500 g)
Salz
½ TL Kümmel
1 Bio-Limette
Pfeffer
3 EL Rapsöl

Für den Krautsalat den Weißkohl putzen, halbieren, vierteln und den Strunk entfernen. Den Kohl in sehr feine Streifen schneiden, in ein Sieb geben, leicht salzen, mit den Händen weich kneten und 1–2 Stunden ziehen lassen. Den austretenden Saft aufbewahren. Den Weißkohl abspülen und trocken schütteln. Den Kümmel in einer Pfanne ohne Fett anrösten. Die Limette heiß abwaschen, trocken tupfen, die Schale abreiben und den Saft auspressen. Den Weißkohl mit Salz, Pfeffer, Öl, angeröstetem Kümmel sowie dem Limettensaft und -abrieb abschmecken und beiseitestellen.

FÜR DIE KARTOFFELCHIPS:
2 mittelgroße Bio-Kartoffeln mit Schale
500 ml Rapsöl (zum Frittieren)
Salz
Pfeffer

Für die Kartoffelchips die Kartoffeln gründlich waschen und trocken tupfen. An einer Aufschnittmaschine dünn aufschneiden und anschließend in kaltem Wasser einige Minuten wässern, um die Stärke auszuwaschen. Die Kartoffelscheiben trocken tupfen. Das Öl in einem Topf auf 180 °C erhitzen und die Kartoffelscheiben im heißen Fett für wenige Sekunden ausbacken, auf ein Küchentuch legen und mit Salz und Pfeffer würzen.

ZUM ANRICHTEN:
1 Bio-Limette

AUßERDEM:
Optional Vakuumier- und Sous-vide-Gerät
Optional Flambierbrenner oder Klarsichtfolie zum Garen
Servierring

ANRICHTEN: Die Limette heiß abwaschen, trocken tupfen, die Schale abreiben und den Saft auspressen. Das gezupfte Eisbein mit dem aufgefangenen Fond, dem ausgetretenen Weißkohlsaft, etwas Limettensaft, Salz, Pfeffer und Öl marinieren. Etwas Weißkohlsalat unter das Fleisch heben und das Tatar mithilfe eines Servierrings mittig auf einem Teller anrichten. Die Senfcreme punktuell in Tupfen auf dem Tatar verteilen und die warmen Carabineros-Segmente darauf setzen. Mit etwas Weißkohlsalat, den Kartoffelchips und einem Hauch frisch geriebener Limettenschale garnieren und servieren.

GESCHMORTE SCHWEINEBACKE

MIT MARINIERTER SENFSAAT, HIMBEEREN UND KRUSTENTIERSUD

ZUTATEN FÜR 4 PORTIONEN ALS VORSPEISE ODER ZWISCHENGANG

ZUTATEN

FÜR DIE SCHWEINEBACKE:

500 g gepökelte Schweinebacke (vom Ibérico-Schwein)

Salz

Pfeffer

3 EL Rapsöl

FÜR DIE HIMBEERSEGMENTE:

10 Himbeeren

FÜR DEN WEIßKOHL:

1 kleiner Weißkohl (ca. 500 g)

Salz

Pfeffer

1 Liter Rapsöl (zum Frittieren)

FÜR DEN KRUSTENTIERFOND:

500 ml Krustentierfond (online oder Feinkostgeschäft)

ZUBEREITUNG

Die Zubereitung der Schweinebacke beginnt bereits zwei Tage zuvor. Dafür das Fleisch etwa 30 Minuten vor Beginn der Zubereitung aus dem Kühlschrank nehmen und bei Raumtemperatur temperieren lassen. Anschließend das Fleisch rundherum mit Salz und Pfeffer würzen. Das Öl in einer Pfanne erhitzen und das Fleisch darin von allen Seiten kurz scharf anbraten. Auskühlen lassen und vakuumieren. Anschließend im heißen Wasserbad (Sous-vide-Gerät) bei 64 °C rund 48 Stunden garen.

Während das Fleisch gart, können bereits die Himbeersegmente vorbereitet werden. Dafür 10 Himbeeren in einen Gefrierbeutel geben und einfrieren. Die gefrorenen Himbeeren nach etwa 3–4 Stunden aus dem Gefrierfach nehmen, mit einem schweren Gegenstand darauf schlagen, sodass die gefrorenen Früchte in feine Segmente zerspringen. Danach die einzelnen Segmente auf einem Teller platzieren und bis zum Anrichten (für 2 Tage) wieder ins Gefrierfach stellen.

Am Tag des Anrichtens für den Weißkohl den Kohl putzen. Ein paar äußere Weißkohlblättchen waschen, trocken tupfen und mit einem runden Ausstecher Kreise ausstechen und zwischen feuchten Papiertüchern aufbewahren. Den restlichen Kohl halbieren, vierteln und den Strunk entfernen. Den Kohl in sehr feine Streifen schneiden. Kurz in kochendem Salzwasser blanchieren und direkt in kaltem Wasser abschrecken. Abtropfen lassen, trocken schütteln und mit Salz und Pfeffer würzen. Das Öl in einem großen Topf auf 160 °C erhitzen und die Krautstreifen darin kurz knusprig ausbacken. Auf einem Küchentuch abtropfen lassen.

Den küchenfertigen Krustentierfond in einem Topf auf mittlerer Stufe erhitzen und mindestens 10–15 Minuten offen einköcheln lassen. Nach Belieben abschmecken und warmhalten.

Weiter geht's auf der nächsten Seite.

FÜR DIE SOUFFLÉ-KARTOFFELN:

4–6 große, mehlig kochende Kartoffeln

2 Liter Rapsöl (zum Frittieren)

Salz

Pfeffer

FÜR DEN EINGELEGTEN SENF:

4 EL Senfsaat

100 ml Krustentierfond (online oder Feinkostgeschäft)

AUSSERDEM:

Gefrierbeutel

Vakuumier- und Sous-vide-Gerät

Runder Ausstecher (6 cm Durchmesser) für den Kohl

Runder Ausstecher (2 cm Durchmesser) für die Kartoffeln

Für die Soufflé-Kartoffeln die Kartoffeln schälen und mit der Aufschnittmaschine oder einem Gemüsehobel in etwa 2 mm dünne Scheiben schneiden. Mithilfe von kleinen, runden Ausstechern kleine Kreise aus den Kartoffelscheiben stechen. Wichtig dabei: Die äußeren Kanten müssen perfekt glatt sein, damit die Kissen gleichmäßig Luft aufnehmen. Das Öl auf zwei Töpfe aufteilen und erhitzen. Das Öl im ersten Topf auf 130 °C (Thermometer!) erhitzen und im zweiten Topf bei ca. 190 °C (Thermometer!) halten. Etwa 10 Kartoffelscheiben gleichzeitig in das 130 °C heiße Fett geben und darin 4 Minuten lang unter leichtem Rühren frittieren. Die Scheiben herausnehmen und direkt für ca. 20 Sekunden in das 190 °C heiße Fett geben und rühren, bis die Kartoffeln soufflieren. Die luftigen Kartoffelkissen vorsichtig aus dem heißen Fett nehmen, auf einem Küchentuch oder in einem Sieb abtropfen lassen. Eventuell kurz vor dem Servieren erneut ins 190 °C heiße Fett geben, um die Luftkissen nochmals zu reaktivieren und die Kartoffeln zu erwärmen.

Für die marinierte Senfsaat etwa 300 ml Wasser aufkochen, die Senfkörner darin kurz blanchieren, kalt abspülen und bis zum Anrichten für wenige Minuten in Krustentierfond einlegen.

Das Fleisch aus dem Wasserbad nehmen und auf einer Schneideplatte platzieren. Es kann wahlweise lauwarm oder kalt serviert werden.

ANRICHTEN: Die Schweinebacke der Länge nach fein aufschneiden und die Scheiben schlaufenförmig auf den Tellern drapieren. Die frisch frittierten, warmen Kartoffelkissen, die eingelegte Senfsaat, den knusprigen Weißkohl und die geeisten Himbeersegmente auf den Fleischscheiben verteilen. Mit heißem Krustentierfond angießen. Direkt servieren und genießen!

UPGRADE-TIPP: ***Wer hat, verfeinert das Gericht mit Senfkresse!***

GEBRATENES LUMA-KOTELETT

MIT KARTOFFEL-SENF-STAMPF, WEISSKOHL-MAKI UND KAFFEEJUS

ZUTATEN FÜR 4 PORTIONEN ALS HAUPTGERICHT

ZUTATEN

FÜR DIE KARTOFFEL-WÜRFEL:

2 große Kartoffeln mit Schale (z. B. Big Griller)

150-350 ml Rapsöl

FÜR DEN KARTOFFEL-SENF-STAMPF:

800 g mehlig kochende Kartoffeln

Salz

4 EL mittelscharfer Senf

FÜR DIE WEISSKOHL-MAKI:

1 mittelgroßer Weißkohl (ca. 750 g)

Salz

2 EL Rapsöl

Pfeffer

ZUBEREITUNG

Für die Kartoffelwürfel den Ofen auf 120 °C (Umluft) vorheizen. Die Kartoffeln schälen und in Würfel von etwa 2 x 3 cm schneiden. Die Kartoffelwürfel in eine ofenfeste Form geben, mit ausreichend Rapsöl übergießen und im heißen Ofen 25–30 Minuten konfieren (Garprobe!). Die Würfel aus dem heißen Fett nehmen, abtropfen lassen und warmhalten.

In der Zwischenzeit für den Kartoffel-Senf-Stampf die Kartoffeln schälen und 25 Minuten in Salzwasser kochen, abgießen und gut ausdämpfen lassen. 3 EL Senf zugeben und alles mit einem Kartoffelstampfer grob zerdrücken. Mit Salz abschmecken.

Für die Weißkohl-Maki den Weißkohl putzen und die äußeren Blätter des Weißkohls in gesalzenem Wasser weich blanchieren, dann kalt abschrecken. Die Blätter auf ein Geschirrtuch legen, mit einem weiteren Geschirrtuch bedecken und mit einem Nudelholz kraftvoll ausrollen. Einen großen Bogen Klarsichtfolie von etwa 30 cm Länge auf die Arbeitsfläche legen. Die Weißkohlblätter auf die Folie legen, sodass die Folie komplett mit dem Kohl bedeckt ist. Das Innere vom Weißkohl in sehr feine Julienne schneiden, kurz in kochendem Salzwasser bissfest blanchieren und auf einem Tuch gut abtropfen lassen. Das Öl in einer Pfanne erhitzen und die Streifen darin kurz anrösten. Mit Salz und Pfeffer abschmecken und gut ausdrücken, bis die komplette Flüssigkeit entzogen ist. Die Weißkohlstreifen auf die untere Hälfte der Weißkohlblätter verteilen, die Blätter straff zu Makis aufrollen und fest mit Klarsichtfolie umwickeln, dann kalt stellen.

Weiter geht's auf der nächsten Seite.

FÜR DIE KAFFEEJUS:

200 ml Kalbsjus (Feinkostgeschäft)

1–2 EL Kahlua (Kaffee-Likör)

FÜR DAS LUMA-KOTELETT:

2 dicke Schweinekoteletts (vom Luma-Schwein; à 300-350 g)

Salz

4 EL Rapsöl

FÜR DIE CARBINEROS:

4 Carabineros

3 EL Sonnenblumenöl

AUßERDEM:

Klarsichtfolie

Für die Kaffeejus die Kalbsjus in einen Topf geben, erhitzen und bis zur gewünschten Konsistenz einkochen lassen. Vorsichtig mit dem Kaffeelikör abschmecken und die Jus aromatisieren.

Die Koteletts von allen Seiten salzen. Den Ofen auf 80 °C (Umluft) vorheizen. 2 EL Öl in einer Pfanne erhitzen und die Koteletts darin rundherum kurz scharf anbraten. Das Fleisch auf einen Teller legen und im vorgeheizten Backofen in 12–16 Minuten auf eine Kerntemperatur von 56 °C (Thermometer) bringen, anschließend an einem warmen Ort ruhen lassen. Vor dem Anrichten das restliche Öl (2 EL) in der Pfanne erhitzen und die Koteletts noch mal kurz anbraten und erwärmen.

In der Zwischenzeit für die Carabineros von den Riesengarnelen den Kopf abdrehen, das Schwanzstück vorsichtig aus der Schale brechen und mit einer Pinzette den Darm entfernen. Kurz vor dem Anrichten die Carabineros wenige Sekunden in der Pfanne im Öl anbraten, sodass sie im Kern noch glasig sind.

ANRICHTEN: Den warmen Kartoffel-Senf-Stampf auf vier Tellern verstreichen oder zu Nocken formen. Die konfierten Kartoffelwürfel warm dazugeben. Die Weißkohl-Maki in fingerdicke Scheiben schneiden und ebenfalls auf den Tellern anrichten. Die Carabineros auf die Makis setzen. Das Kotelett daneben setzen, salzen und pfeffern. Das Ganze mit Kaffeejus angießen und direkt servieren.

TIPP:* *Wer mag, schneidet die konfierten Kartoffeln nicht einfach nur in Würfel, sondern höhlt vier kleine Kartoffeln aus wie eine Kartoffelschale. Diese vier kleinen Kartoffelschalen werden dann im heißen Öl konfiert und beim Anrichten mit dem Kartoffel-Senf-Stampf gefüllt. Wem die Sauce zu flüssig ist, kann sie auch ganz leicht mit etwas Maisstärke abbinden.

UPGRADE-TIPP:* *Wer sein Kotelett so braten möchte wie Benjamin Gallein in der »Ole Deele«, der schiebt kurz vor dem Servieren noch einen kleinen Arbeitsschritt ein: Das Arosieren des Fleisches mit Rosmarin und Thymian in aufgeschäumter Butter. So nennt man es, wenn das Fleisch kurz vor dem Anrichten noch einmal in der Pfanne gebraten und dabei mit passenden Kräutern und Gewürzen aromatisiert wird. Dabei jedoch aufpassen, dass die Kräuter nicht anbrennen!

THOMAS MARTIN &

RÜDIGER MEHLGARTEN

ES GEHT DARUM, AUS BEKANNTEN UND SCHEINBAR EINFACHEN DINGEN **DAS BESTE HERAUSZUHOLEN**

THOMAS MARTIN & RÜDIGER MEHLGARTEN

JACOBS RESTAURANT | HAMBURG

2 MICHELIN-STERNE

HUHN
BUNDKAROTTEN MIT GRÜN
CHAMPIGNONS
FRISCHER KNOBLAUCH
ZWIEBELN

HUHN
BUNDKAROTTEN MIT GRÜN
CHAMPIGNONS
FRISCHER KNOBLAUCH
ZWIEBELN

1

Asiatische Hühnersuppe

mit Kombu-Algen und Koriander

2

Knusprige Hähnchenkeule

mit Paprikabutter und Röstgemüse

3

Gebratene Hähnchenbrust

mit Gemüsecrunch und Estragonmayonnaise

2 BONUSZUTATEN JE GERICHT

Kombu-Alge und Koriander

Butter und geräuchertes Paprikapulver

Milch und Estragon

HUHN IN DREI GÄNGEN

Zwei Köche in einem Kapitel?! Wer macht denn da was? Manch einer wird sich das beim Blättern durch diese Seiten vielleicht schon gefragt haben. Die Erklärung ist ganz einfach und zeigt etwas ganz Grundsätzliches: nämlich, wie Spitzenküchen überhaupt organisiert sind.

Aber der Reihe nach: Wir sind in Hamburg, in einem wunderschönen und traditionsreichen Haus direkt an der Elbe. Es liegt etwa 20 Autominuten außerhalb der lauten und stark belebten Innenstadt, dafür umso ruhiger und idyllischer an der hochpreisigen Elbchaussee Richtung Blankenese. Das mehrfach ausgezeichnete »Jacobs Restaurant« im Luxushotel »Louis C. Jacob« ist seit 2011 mit zwei begehrten Michelin-Sternen dekoriert und gehört zu den bekanntesten 2-Sternern in Deutschland. Spitzenkoch Thomas Martin ist seit beachtlichen 22 Jahren Patron und Küchenchef des renommierten Gourmetrestaurants. Und natürlich ist er dort nicht allein: Wie jede andere Spitzenküche auch, zeichnet sich auch die Jacob-Küche dadurch aus, dass ein erfolgreiches und top-ausgebildetes Team aus mehr als einem Dutzend junger Köche hinter Küchenchef Thomas Martin steht.

Zwei von ihnen sind in der Organisation besonders wichtig: Rüdiger Mehlgarten und Tobias Haas. Sie sind seit mehr als fünf Jahren gleichberechtigte Souschefs, quasi Stellvertreter von Thomas Martin. Wenn er als gefragter 2-Sternekoch für Veranstaltungen, Gastkochevents oder Pressetermine außer Haus ist, geht in seiner Küche alles wie gewohnt weiter. In sehr vielen gehobenen Küchen ist es ganz normal, beinahe selbstverständlich, dass die Souschefs in der täglichen Organisation den Hut aufhaben. Nicht weil ihre Chefs so gerne delegieren und selbst nicht mehr in der Küche stehen wollen – ganz im Gegenteil: Mit steigender Prominenz und wachsendem Erfolg werden externe Aufgaben und Verpflichtungen ein wichtiger Teil der Küchenarbeit – die eben vorrangig vom Patron oder Küchenchef übernommen wird.

»Der Chef ist fast jeden Abend in der Küche«, sagt Souschef Rüdiger Mehlgarten, den alle nur Rudi nennen. Auch bei der Karten- und Menüplanung ist Thomas Martin stets mit an Bord, wobei die Kreativarbeit in den ersten Schritten ganz klar bei seinen Souschefs liegt: Sie haben den Küchenstil des 2-Sternekochs in den vergangenen Jahren verinnerlicht und entwickeln auf dieser Basis immer wieder neue Kreationen, aus denen sich dann das neue Menü zusammensetzt. »Wir sprechen uns natürlich immer noch mit Thomas Martin ab«, erklärt der Souschef.

Tatsächlich funktioniert jedes Küchenteam ein bisschen anders. Mal benennt der Patron noch einen Küchenchef, der seine eigenen Aufgaben zu einem Großteil mit übernimmt. Mal gibt es – wie im Jacob – eine Doppelspitze neben dem Patron. Weitaus häufiger gibt es allerdings je einen Souschef und einen Küchenchef, die sich die Führung im laufenden Geschäft teilen. Das alles steht im Ermessen des Chefs und hängt oftmals auch von der Größe des Restaurants und des Teams ab.

Doch Hierarchie hin oder her: Wer schon mal in Spitzenküchen reinschnuppern durfte, der weiß, dass es insbesondere bei der Kreativarbeit sehr fließende Übergänge gibt: Die Stimmung in den gehobenen Küchen ist locker, tagsüber läuft Musik, teilweise sogar laut, es werden Witze gemacht, sich ausgetauscht, man hat Spaß – es ist ein Job, wie andere Handwerksberufe auch. Der eine hat eine Idee, tüftelt an seinem Posten daran herum, zieht seinen Kollegen zurate und irgendwann entsteht eine handfeste Idee daraus, die ihren Weg auf die neue Karte findet. In den seltensten Fällen ist es so, dass wirklich nur einer allein das Menü schreibt – das ist Teamwork, wie so vieles andere in der Spitzenküche auch.

HIERARCHIE IN SPITZENKÜCHEN

Neben dem Küchenchef gibt es immer auch einen Souschef, manchmal sogar zwei. Souschefs sind die Stellvertreter vom Küchenchef und haben in der Regel großen kreativen Einfluss.

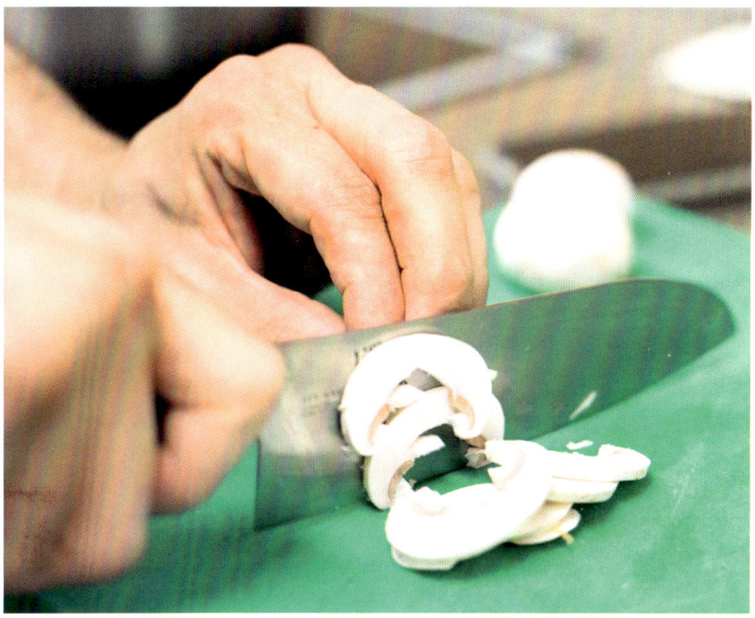

Rudi Mehlgarten habe ich schon vor einigen Jahren für die Recherchen meines ersten Spitzenküchen-Titels »Aufgedeckt: Die Geheimnisse der Spitzenküche«, kennengelernt. Schon damals war mir die vertrauensvolle Arbeitsteilung zwischen Küchenchef Thomas Martin und seinen beiden Souschefs Rudi Mehlgarten und Tobias Haas aufgefallen. So ist für dieses Buch nun auch die Idee entstanden, ganz authentisch zu zeigen, wie es hier im Alltag zugeht: Dass ein Patron auf 2-Sterne-Niveau nämlich nicht allein arbeitet, sondern ein starkes Team hinter sich hält. In diesem Fall ist es Rudi, der sich für unser Projekt einen Warenkorb im Jacob-Style ausgedacht hat.

Werfen wir mal einen Blick hinein: Er hat sich für ein ganzes Huhn mit Hals, Keulen, Flügeln und Innereien entschieden, dazu Zwiebeln, frische Champignons, junge Bundkarotten mit Grün sowie frischen Knoblauch. Alles keine spektakulären Zutaten – ganz im Gegenteil: Es geht darum, aus bekannten und scheinbar einfachen Dingen das Beste herauszuholen.

Im Mittelpunkt steht das frisch geschlachtete Huhn. »Hühner werden viel zu oft schlecht geredet«, findet der Souschef. Völlig zu Unrecht: »Das ist alles eine Qualitätsfrage!« Wer beim Einkaufen die Augen offen hält, etwas hinterfragt und auch bereit ist, in eine gute Qualität vom Bauern oder Händler des Vertrauens zu investieren, der erhält sensationelle Ware. »Dann hätte man auch keine Probleme mit Bakterien, Antibiotika und all den unangenehmen Themen, unter denen Geflügel heute leidet.«

Lieber einmal weniger Fleisch zubereiten, dafür aber richtig gutes.

Natürlich hat Rudi nicht irgendein Huhn bestellt: In der Nähe von Uelzen in der Lüneburger Heide züchtet die Familie Odefey hochqualitative Weidehühner. In der gehobenen und modernen, oft produktfokussierten Gastronomie entdeckt man den Namen »Odefey-Huhn« gerade immer häufiger. »Man schmeckt einfach einen Unterschied«, findet Rudi. Platz, Futter, die äußeren Bedingungen, der

EINMAL KOCHEN, DREIMAL GENIESSEN

Wer sich einmal die Zeit für eine gute Hühnersuppe nimmt, hat gleich für mehrere Mahlzeiten vorgearbeitet: Die drei Rezepte aus diesem Kapitel zeigen, wie es geht!

Prozess des Schlachtens – all das wirke sich auf die Qualität und den Geschmack des Fleisches aus. Rudis Empfehlung daher: Lieber einmal weniger Fleisch zubereiten, dafür aber richtig gutes. Er hat seine Rezepte extra so konzipiert, dass für die drei verschiedenen Teller in seinem Kapitel alle Teile vom Huhn verwertet werden – sehr nachhaltig!

Das Menü startet mit einer klaren Hühnersuppe, die mit den Bonuszutaten Kombu-Alge und Koriander asiatisch abgeschmeckt und mit knackigem Gemüse verfeinert wird – richtig easy und richtig gut gemacht. Die dabei bereits mitgekochten Keulen kommen

dann für den zweiten Gang, die knusprige Hähnchenkeule mit Paprikabutter und Röstgemüse, zum Einsatz. Die Hühnerbrüste, die bislang noch nicht mitverarbeitet worden sind, werden für den dritten Gang an den Karkassen, also am Knochen gebraten, so bleiben sie besonders saftig. Rudi serviert sie mit frisch zubereiteter Estragonmayonnaise, Gemüsecrunch und Sauce Riche. Letztere ist eine klassisch-französische Sauce auf Leberbasis, im Original mit Gänseleber, in unserem Fall leicht variiert mit der Hühnerleber.

Wir starten mit der Hühnersuppe. Denn die braucht Zeit. »Mindestens zwei Stunden, besser länger«, sagt Rudi. »Am besten man setzt die Brühe abends an, dann simmert sie langsam vor sich hin, während man Fernsehen guckt, da kriegt man eigentlich nichts von mit.« Klingt entspannt!

WENIGER IST MEHR

Für die Hühnersuppe gibt Rudi Mehlgarten lediglich eine ordentliche Portion Zwiebelspalten in den Topf. Dazu die gewünschten Hühnchenteile samt Haut – mehr braucht es nicht. Wurzelgemüse führe oft dazu, dass die Suppe sehr süß wird.

Rudi nimmt das frische Odefey-Huhn auseinander: Er trennt den Hals, die Flügel und die Keulen fein säuberlich mit einem scharfen Messer ab und gibt alle Abschnitte mit Ausnahme der Brüste in einen Topf. »Man könnte die Brüste auch mit dazugeben«, sagt der Souschef. »Aber in unserem Fall verwerten wir sie ja später gebraten für den Hauptgang.«

Zu den Hühnerteilen gibt er eine gute Portion Zwiebelspalten. »Das reicht dann auch schon!« Möhren, Pastinaken und Sellerie bringen für ihn viel zu viel Süße mit in die Brühe. »Das kann man gezielt machen, wenn man es haben möchte«, sagt er. Wirklich notwendig sei es aber nicht. Schließlich geht es um den puren, nahezu unverfälschten Hühnergeschmack. Die Zwiebeln ergänzen und betonen ihn durch den vollmundigen Umami-Geschmack, der beim Einkochen der Zwiebeln entsteht. Tatsächlich brauchen wir so nur zwei Zutaten für einen sensationell intensiven Fond – alltagstauglicher geht es kaum.

Die Hühnchen-Zwiebel-Mischung salzt Rudi und gießt dann alles mit Wasser auf. »Nicht zu viel, sonst wird der Fond zu wässrig!« Das könne man sich als Faustregel beim Fondkochen gut merken: So viel Wasser wie nötig, so wenig wie möglich. Gemüse und Huhn müssen bedeckt sein, viel mehr aber auch nicht. So konzentriert sich der Geschmack in wenig Flüssigkeit, was diese natürlich besonders intensiv werden lässt. Und wem es dann doch zu kräftig ist, kann später immer noch Wasser zugeben und den Fond nach Geschmack und Bedarf verlängern.

Nach dem ersten Aufkochen schöpft er die Trübstoffe, die sich oben abgesetzt haben, ab. Dann ist die Arbeit im Grunde genommen schon getan und der Ansatz köchelt, beinahe unbemerkt, zwei Stündchen offen vor sich hin. Damit wir unsere Zeit sinnvoll nutzen und schon mal mit dem zweiten und dritten Rezept weitermachen können, hat Rudi eine Portion Hühnerbrühe bereits am Vortag zubereitet: Ein guter Trick, den man sich natürlich auch zu Hause zunutze machen kann. Denn die Brühe hält sich als Basiszutat im Kühlschrank problemlos drei oder vier Tage lang frisch.

Rudi serviert die Brühe für das erste Rezept nahezu pur. Unmittelbar vor dem Servieren lässt er frisch geschnittene Gemüsescheiben etwa 15 Minuten in der köchelnden Brühe ziehen. Dazu kommen noch etwas grob gebröselte Kombu-Alge aus dem Asien-Laden und frischer Koriander. Schon der Duft, der jetzt in die Nase zieht, verrät die starke Wirkung der beiden Bonuszutaten: Die Kombu-Alge bringt einen feinen, aber gut spürbaren asiatischen Touch in die Suppe, der Koriander liefert eine kräuterige Frische und feine Würze.

Übrigens: Wer die gekochten Keulen aus der Brühe nicht für das zweite Rezept verwenden möchte, kann das weich gekochte Fleisch auch wunderbar vor dem Servieren in die Suppe zupfen und einige Minuten mit ziehen lassen – so wird aus der Vorspeise ohne zusätzlichen Aufwand eine ganze Mahlzeit. Die abgelöste Haut in diesem Fall knusprig braten und fein gewürfelt als crunchiges Topping auf die Suppe geben – lecker!

Die Vorspeise ist fertig – ein so schmackhafter Gang, der kaum Arbeit macht und fast nebenbei entsteht. Denn die halbe Miete für Teller Nummer zwei ist bereits getan: Die Keulen, die beim Fondkochen bereits mit gegart worden sind, bekommen im Ofen jetzt eine knusprige Krönung aufgesetzt. Diese Reihenfolge mag manch einen überraschen. Immerhin würde man Hähnchenkeulen zu Hause meist direkt, also roh mit der Marinade einpinseln, aufs Gemüse setzen und dann ab in den Ofen schieben. Doch der Souschef hat gute Gründe für den Extra-Schritt im Kochtopf: »So bleibt das Huhn viel saftiger, vor allem, wenn es am Knochen gart!« Im Fond gart das Huhn sehr schonend und vor allem lange bei geringer Hitze. Das ist für Rudi der eigentliche Garvorgang. Im Ofen folgt nur noch das knusprige Finish der Haut. »Man könnte die Hähnchenbrust übrigens genauso zubereiten«, sagt er. Also: Erst langsam im Fond gar köcheln und anschließend für den Knusperfaktor noch einmal kurz von allen Seiten in der Pfanne anbraten oder in den Ofen geben. »Wer das Huhn roh im Ofen gart, muss immer die Zeit im Blick behalten«, rät der Souschef. Sonst wird dem Fleisch schnell zu viel Feuchtigkeit entzogen und es wird trocken – das, was man am wenigsten möchte, wenn man Geflügel zubereitet. Das Gemüse – in unserem Fall Champignonviertel, Zwiebelspalten, Möhrenstifte und Knoblauchscheiben – kommt einfach zum Hähnchen mit in die Ofenform und röstet schön vor sich hin.

Für den dritten Teller verwendet Rudi die Hähnchenbrüste, die er ganz bewusst am Gerippe gelassen hat. »Das ist sicherlich der anspruchsvollste Gang«,

sagt er. Denn hier geht es darum, die beiden Brüste zunächst am Knochen rundherum in der Pfanne anzubraten, sodass die Haut schön knusprig wird. Anschließend gehen die Filets für eine knappe halbe Stunde in den 160 °C heißen Backofen. Hier gilt es, beim Timing präzise zu sein: Denn das zarte Hähnchenfleisch soll saftig bleiben. Nach dem Garen wird die knusprige Haut vorsichtig von der Brust entfernt und fein gewürfelt. Zusammen mit den Brunoise, den fein geschnittenen Gemüsewürfeln, ergibt sie einen aromatischen Crumble, der als knuspriges Topping auf den saftig gegarten Hähnchenfilets serviert wird – eine tolle Kombination!

HÜHNERHAUT KREATIV EINSETZEN

Rudi zieht die Haut nach dem Rösten ab, würfelt sie und kreiert daraus zusammen mit feinen Gemüsewürfeln ein Crumble-Topping für die Hähnchenbrust – lecker!

Dazu serviert Rudi aus seinen Bonuszutaten Milch und Estragon eine frisch gemixte Kräutermayonnaise. Einfach nur aus Milch, Estragon und Öl. Manch einer wird sich jetzt fragen: Ganz ohne Ei?! Tatsächlich ist das kein Problem: Rudi gibt einen guten Schluck Milch als Emulgator in ein hohes, schmales Gefäß, dazu kommt der frisch gewaschene und trocken getupfte Estragon. Er mixt beides mithilfe eines Stabmixers zu einer grünen Milch. Nach und nach gießt er dann das Öl hinzu, bis eine sämige Sauce entstanden ist. Es braucht gerade mal ein bis zwei Minuten, dass die Creme beim Mixen eine Bindung bekommt. Und schon ist aus Milch und Öl eine Mayonnaise entstanden – und zwar ganz ohne Ei!

Für alle, die sich an etwas ganz Neues heranwagen möchten, hat Rudi noch eine zweite Sauce vorbereitet: Aus der Leber vom Huhn mixt er zusammen mit etwas Hühnerfond und einigen Estragonblättchen eine Variation der Sauce Riche. Das gegarte Hähnchenbrustfilet glasiert er kurz in der warmen Sauce Riche und serviert beides zusammen mit dem knusprigen Gemüsecrumble und der frischen Estragonmayonnaise – was für ein feiner Gang!

Spitzenküche bedeutet, gute Produkte bestmöglich zuzubereiten.

Schauen wir nach dem Kochen noch mal auf die Zutaten: So unspektakulär Hähnchen, Zwiebeln, Pilze, Möhren und Knoblauch auf den ersten Blick auch wirken mögen, so beeindruckend, geschmacksintensiv und ansehnlich sind die Teller, die Rudi daraus gezaubert hat. Das sollte einmal mehr zeigen: Spitzenküche heißt nicht gleich Luxusküche. Spitzenküche bedeutet, gute Produkte bestmöglich zuzubereiten. Sich zu überlegen: Mit welcher Garmethode hole ich das Beste aus den Zutaten heraus? Wie schmecke ich ab? Welche Bonuszutaten, Tricks und Kniffe verwende ich für das Finish? Dieses Kapitel zeigt, wie man genau so auch in der heimischen Küche kochen kann.

ASIATISCHE HÜHNERSUPPE

MIT KOMBU-ALGEN UND KORIANDER

ZUTATEN FÜR 4 PORTIONEN ALS VORSPEISE

ZUTATEN

FÜR DIE HÜHNERBRÜHE:

1 Odefey-Huhn (alternativ ein anderes frisch geschlachtetes Huhn in guter Qualität)

5 Zwiebeln

Salz

ZUBEREITUNG

Für die Hühnerbrühe das Huhn waschen, trocken tupfen und von den restlichen Federkielen befreien. Die Keulen, Flügel, den Hals und den Rumpf ablösen. Alle Teile mit Ausnahme der Hühnerbrüste in einen großen Topf legen.

Die Innereien (Herz, Leber und Nieren) beiseitelegen, sie können später nach Wunsch für die Suppeneinlage oder die Sauce Riche (siehe Seite 105) mitverarbeitet werden (siehe Tipp Seite 99). Die Hühnerbrüste entweder einfrieren oder für die Weiterverarbeitung im Rezept auf Seite 102 im Kühlschrank aufbewahren.

Die Zwiebeln schälen, halbieren, in grobe Streifen schneiden und mit in den Topf geben. Etwa 1 TL Salz zugeben und mit so wenig Wasser wie nötig auffüllen, bis alles gerade eben bedeckt ist. Den Topf auf den Herd stellen und das Wasser einmal kräftig aufkochen. Den sich dabei bildenden Schaum mit einer Kelle oder einem Löffel abschöpfen. Dann alles bei kleiner Hitze 2-3 Stunden weiter köcheln lassen, bis die Keulen weich sind.

Die Brühe nach dem Garen durch ein Sieb gießen, den Sud auffangen und die Hähnchenkeulen beiseitelegen. Die restlichen ausgekochten Kleinteile entsorgen. Die Keulen am besten noch im warmen Zustand vorsichtig auslösen und die Knochen entsorgen. Das Fleisch kann mitsamt der Haut für das Rezept auf Seite 100 weiterverarbeitet werden oder fein gezupft als Einlage mit in der Suppe serviert werden. Einfach kurz mit erwärmen – fertig!

Weiter geht's auf der nächsten Seite.

FÜR DIE EINLAGE:

8 mittelgroße Champignons

1 junge Knoblauchzehe

6 junge Bundmöhren mit Grün

1 Zwiebel

2 Platten Kombu-Algen (aus dem Asien-Laden)

½ Bund Koriander

Für die Gemüse-Einlage die Champignons putzen, die Stile entfernen und ggf. als Basis für eine Hühner- oder Gemüsebrühe verwenden, und die Pilze in feine Scheiben schneiden. Die Knoblauchzehe schälen und fein würfeln. Die Karotten mit Grün gründlich waschen, trocken schütteln und die Karotten samt Schale in dünne Scheiben schneiden. Das Grün in feine Blättchen zupfen und zum späteren Anrichten aufbewahren. Die Zwiebel schälen und in feine Streifen schneiden. Die Kombu-Algen kleiner brechen und mit dem fein geschnittenen Gemüse und ggf. beiseitegelegten Innereien (siehe Tipp) in der Brühe aufkochen und 10-15 Minuten bei schwacher Hitze ziehen lassen. Währenddessen den Koriander waschen, trockentupfen und die Blätter von den Stielen zupfen.

ANRICHTEN: Die Suppe samt Einlage in Schalen oder tiefen Tellern anrichten und jeden Teller mit einigen Korianderblättern und etwas Karottengrün dekorieren und direkt servieren.

TIPP: ***Wer die Innereien mit verwenden möchte, befreit Herz und Nieren von den Sehnen, schneidet sie fein und gibt sie beim Erwärmen mit in die Hühnerbrühe. Die Leber kann bis zur weiteren Verwendung eingefroren werden, sie hält sich so ca. 6 Monate, oder für die Sauce Riche (siehe Rezept Seite 105) verwendet werden. Wer die Suppe als Hauptgericht serviert, kann die Brüste an der Karkasse auch mit in den Fond geben und in 2–3 Stunden mit garen. Das Fleisch kann anschließend zerzupft als Einlage in der Suppe serviert werden.***

TIPP: ***Wer Zeit sparen möchte, kocht die Brühe bereits am Vortag und lagert sie gut verschlossen im Kühlschrank. So bleibt sie 3–4 Tage frisch.***

UPGRADE-TIPP: ***Neben den Zwiebeln auch ein Lorbeerblatt mit in den Ansatz der Brühe geben. So schmeckt sie noch herzhafter und würziger.***

KNUSPRIGE HÄHNCHENKEULE

MIT PAPRIKABUTTER UND RÖSTGEMÜSE

ZUTATEN FÜR 4 PORTIONEN ALS ZWISCHENGANG ODER HAUPTGERICHT

ZUTATEN

FÜR DIE HÄHNCHENKEULEN

4 gekochte Hähnchenkeulen (2 Keulen vom Rezept siehe Seite 96)

FÜR DAS RÖSTGEMÜSE UND DEN GRÜNEN MÖHRENSTAUB:

4 Zwiebeln

16 mittelgroße Champignons

8 junge Bundmöhren mit Grün

2 junge Knoblauchzehen

Salz

FÜR DIE PAPRIKABUTTER:

50 g Butter

2 TL geräuchertes Paprikapulver

Salz

ZUBEREITUNG

Die ausgelösten Hähnchenkeulen (mit Haut) aus dem Kühlschrank nehmen, damit sie Raumtemperatur annehmen. Den Backofen auf 100 °C (Umluft) vorheizen.

Für das Röstgemüse die Zwiebeln schälen und in grobe Streifen schneiden. Die Champignons putzen, die Stiele entfernen und ggf. für die Herstellung einer Gemüse- oder Hühnerbrühe aufbewahren. Die Pilze vierteln. Die Möhren samt dem Grün gründlich waschen und trocken schütteln. Die Möhren in etwas dickere Streifen schneiden. Das Möhrengrün grob schneiden, auf ein mit Backpapier belegtes Blech geben und im warmen Ofen 6–8 Minuten trocknen, dabei zwischendurch kontrollieren, damit das Grün nicht verbrennt. Das getrocknete Möhrengrün in einem Blitzhacker zu feinem Staub zermahlen und bis zum Anrichten beiseitestellen. Den Knoblauch schälen und in feine Scheiben schneiden. Zwiebeln, Champignons, Möhren und Knoblauch in einer ofenfesten Pfanne oder Auflaufform vermengen und leicht salzen. Kurz ruhen und Wasser ziehen lassen, dann nochmals vermengen. Die gekochten Keulen mit der Hautseite nach oben auf das Gemüse legen. Die Ofentemperatur auf 160 °C (Umluft) erhöhen.

Für die Paprikabutter 30 g Butter in einem kleinen Topf schmelzen lassen und mit dem Paprikapulver und etwas Salz abschmecken. Die Keulen mit der Paprikabutter einstreichen. Die restliche Butter in Flocken auf dem Gemüse verteilen. Die Keulen mit dem Gemüse für etwa 20 Minuten im heißen Ofen backen, nach der Hälfte der Garzeit die Keulen noch einmal mit ein wenig Paprikabutter einpinseln, das Gemüse wenden, sodass es gleichmäßig röstet.

ANRICHTEN: Das Gemüse mithilfe eines Servierrings mittig auf den Tellern anrichten, die ausgelöste Keule samt knuspriger Haut mittig aufsetzen, alles mit Möhrenstaub bestreuen und mit einigen Tupfen Paprikabutter garniert servieren.

GEBRATENE HÄHNCHENBRUST

MIT GEMÜSECRUNCH UND ESTRAGONMAYONNAISE

ZUTATEN FÜR 4 PORTIONEN ALS HAUPTGERICHT

ZUTATEN

4 Hühnerbrüste (bestenfalls an den Karkassen; 2 Brüste vom Rezept siehe Seite 96)

Salz

2 EL Sonnenblumenöl

FÜR DEN GEMÜSECRUNCH:

4 Zwiebeln

12 kleine bis mittelgroße Champignons

4 junge Bundmöhren mit Grün

2 junge Knoblauchzehen

3 EL Sonnenblumenöl

Salz

Pfeffer

ZUBEREITUNG

Die Hühnerbrüste aus dem Kühlschrank nehmen, damit sie Raumtemperatur annehmen. Den Ofen auf 160 °C (Umluft) vorheizen.

Für den Gemüsecrunch die Zwiebeln schälen und sehr fein würfeln. Die Champignons putzen, die Stiele entfernen und ggf. für die Herstellung einer Gemüse- oder Hühnerbrühe aufbewahren. Die Pilze ebenfalls sehr fein würfeln. Die Bundkarotten mit Grün gründlich waschen und trocken schütteln. Die Kartotten samt Schale sehr fein würfeln. Das Grün zum Anrichten aufbewahren.

Die Knoblauchzehen schälen, hauchfein würfeln und mit dem Messerrücken zu Püree zerdrücken. Das Knoblauchpüree mit dem Gemüse mischen. Das Öl in einer Pfanne erhitzen und das Knoblauchgemüse darin bei mittlerer Hitze unter Rühren anschwitzen. Leicht salzen und pfeffern, beiseitestellen.

Die Hähnchenbrüste rundherum salzen, das Öl in einer Pfanne erhitzen und die Brüste darin von allen Seiten goldgelb anbraten. Dann in eine ofenfeste Form legen und im warmen Ofen 20–25 Minuten garen.

Weiter geht's auf der nächsten Seite.

FÜR DIE ESTRAGON-MAYONNAISE:

1 Bund Estragon

50 ml Milch

Salz

200-250 ml Sonnenblumenöl

FÜR DIE SAUCE RICHE:

3-4 Stiele Estragon

300 ml Hühnerbrühe

ca. 100 g Hühnerleber (1 Leber ca. 20 g; vom Rezept siehe S. 96)

Salz

Pfeffer

In der Zwischenzeit für die Estragonmayonnaise den Estragon waschen, trocken schütteln und die Blätter abzupfen. Die Milch in einen Messbecher geben, den Estragon und 1 Prise Salz dazugeben und mit den Stabmixer zu einer homogenen grünen Milch mixen. Nach und nach das Öl einlaufen lassen und so lange weiter mixen, bis die Masse emulgiert und die Konsistenz einer Mayonnaise bekommt. Nochmals mit Salz abschmecken und kalt stellen.

Für die Sauce Riche den Estragon waschen und trocken schütteln. Die Hühnerbrühe mit dem Estragon in einen Topf geben und auf dem Herd bei mittlerer Hitze offen aufkochen lassen. Dann die Brühe auf die Hälfte reduzieren, vom Herd nehmen und die Leber mithilfe eines Stabmixers untermengen. Die Masse durch ein Sieb in einen Topf streichen, leicht erwärmen und mit Salz und Pfeffer abschmecken.

Die Hähnchenbrust aus dem Ofen nehmen, das Fleisch auslösen und die Haut abnehmen. Das Fleisch mit zur Sauce Riche in den Topf geben und bei kleiner Hitze kurz darin glasieren. Die knusprige Hühnerhaut klein würfeln und unter das Gemüse mengen.

ANRICHTEN: Die Hühnchenbrust mittig auf den Tellern anrichten, mit etwas Gemüsecrunch bedecken, mit Sauce Riche angießen und einem Tupfer Estragonmayonnaise servieren.

UPGRADE-TIPP: ***Die Sauce Riche kann mithilfe eines Eigelbs leicht gebunden werden. Dann aber nicht mehr aufkochen, sonst trennen sich die einzelnen Bestandteile (siehe »Abscheißen« Seite 30).***

SARAH HENKE

TEXTUR IST EIN GANZ **ZENTRALER FAKTOR**, DER ZUM GESCHMACKS-ERLEBNIS BEITRÄGT

SARAH HENKE

YOSO | ANDERNACH

1 MICHELIN-STERN

SOJASAUCE
WAN-TAN-BLÄTTER
PEPERONI
MAISHÄHNCHENBRUST
SHIITAKE

SOJASAUCE
WAN-TAN-BLÄTTER
PEPERONI
MAISHÄHNCHENBRUST
SHIITAKE

1

Offener Wan-Tan

mit Shiitake und Maishähnchen

2

Gedämpfte Wan-Tan

mit Hähnchen-Pilz-Füllung

3

Gefüllte Panko-Peperoni

mit Hähnchen und Shiitake

2 BONUSZUTATEN JE GERICHT

Frühlingszwiebeln und Austernsauce

Champignons und Erdnusskerne

Tempuramehl und Panko

Sarah Henke

Für alle, die noch nie mit Wan-Tan-Blättern gearbeitet haben: Man nimmt die Packung aus dem Gefrierfach, entnimmt die gewünschte Menge Teigplatten und legt den Rest zurück ins Gefrierfach. Die Teigplatten einfach auf einem Teller antauen lassen, schon können sie weiterverarbeitet werden. Da sie sehr dünn sind, geht das sehr schnell. Für die offenen Wan-Tans werden die Teigplatten einfach im kochenden Wasser kurz für wenige Minuten gegart. Für das zweite Rezept füllt Sarah die Wan-Tan-Blätter und formt sie zu Teigtäschchen, die dann im heißen Wasserdampf gedämpft werden. Als Bonuszutaten für das erste Rezept hat Sarah Frühlingszwiebeln und Austernsauce mitgebracht. Die Frühlingszwiebeln geben der Hähnchenfüllung etwas Biss und leichte Schärfe. Die Austernsauce bringt einen spannenden süßlich-würzigen Geschmack ins Spiel. Wer sie nun zu Hause hat, sollte unbedingt öfter mit ihr arbeiten: Denn sie passt nicht nur zu Hähnchen, sondern kann auch wunderbar zu Lamm, Rind oder Schwein verwendet werden. Natürlich auch zu Fisch. Austernsauce verwendet man häufig in Kombination mit Sojasauce, Fischsauce, Koriander, Ingwer und Chili. Auch für eine Gemüsepfanne lässt sich auf dieser Basis jede Menge experimentieren und ausprobieren. Wichtig: Sojasauce und Austernsauce sind von Natur aus schon recht salzig – oft ersetzen sie das komplette Salz in einem Gericht!

Sarah schneidet die Zutaten für die Füllung des offenen Wan-Tans besonders fein. Das macht Sinn, denn der Wan-Tan-Teig ist ebenfalls sehr dünn. So passt es mit den Proportionen optimal – sowohl optisch auf dem Teller als auch im Mund beim Kauen. Immerhin ist die Textur ein ganz zentraler Faktor, der zum gesamten Geschmackserlebnis beiträgt. Das Gemüse wird zusammen mit dem gewürfelten Maishähnchen nur ganz kurz in der Pfanne gebraten und dann mit Soja- und Austernsauce abgelöscht. Salz, Pfeffer und weitere Würzmittel braucht es nicht, da die asiatischen Saucen bereits so viel Würze mit ins Essen bringen, dass die Masse perfekt abgeschmeckt ist. Nichtsdestotrotz darf die Füllung natürlich nach Herzenslust erweitert werden: Koriander, Ingwer, Chili, auch ein kleiner Löffel Fischsauce könnten passen!

Das zweite Rezept ist im Ansatz sehr ähnlich – die Wan-Tan-Blätter stehen wieder im Mittelpunkt. Dieses Mal allerdings nicht offen als Lasagne, sondern gefüllt und gedämpft als Teigtäschchen aus dem Bambuskörbchen. Letzteres bekommt man im Asien-Laden für kleines Geld. Auch Gemüse lässt sich gut darin dämpfen. Alternativ funktioniert aber auch ein einfaches, hitzebeständiges Sieb, das mit einem Stück Backpapier ausgelegt wird. Sarah hat sich für ihr zweites Rezept Champignons und Erdnusskerne als Bonuszutaten ausgesucht. Champignons? Ich wundere mich – immerhin haben wir schon Shiitake in den Hauptzutaten ... Sarah lacht. »Das ist einfach eine Geldfrage!«, sagt sie. Wer schon mal Shiitake gekauft hat, weiß, dass es günstigere Zutaten gibt. »Man kann Champignons hier sehr gut als Füllmasse nehmen. Ein paar Shiitake reichen für den würzigen Geschmack aus!« Und wer mal gar keine Shiitake bekommt? »Der kann auch komplett Champignons nehmen, ist aber eben weniger würzig!«

GESCHMACKSFAKTOR TEXTUR

Oft achten wir beim Abschmecken und Würzen nur auf die verschiedenen und noch fehlenden Geschmacksrichtungen (süß, sauer, salzig, bitter, umami), vielleicht auch auf Aromen. Genauso wichtig ist aber auch die Textur des Essens: Zu weichem Gemüse passen crunchige Nüsse, zu knusprigen Teigtaschen darf es eine gemixte, sowohl weiche als auch knackige Füllung sein.

Durch geröstete Nüsse und Kerne lässt sich auch ohne großen Aufwand Spannung ins Essen bringen.

Die Erdnusskerne werden in der Pfanne ohne Fett geröstet und landen anschließend als knackiger Bestandteil in unserer Wan-Tan-Füllung. Übrigens ein wichtiger Tipp: Durch geröstete Nüsse und Kerne lässt sich auch ohne großen Aufwand Spannung ins Essen bringen. Zum einen durch die crunchige Textur, zum anderen durch das nussige Aroma, das sich je nach Sorte unterschiedlich ausprägt. Gerade bei Suppen, cremigen oder eher weicheren Gerichten lohnt sich der Griff in den Nussvorrat – einfach mal ausprobieren! Für die gefüllten Wan-Tans brät Sarah übrigens nur das Gemüse in der Pfanne an, das ganz fein gewürfelte Hähnchenfleisch (sieht fast wie gewolft aus!) bleibt roh. »Das gart gleich im Dampf, das reicht«, erklärt die Sterneköchin. So bleibt das Fleisch schön saftig. Wer mag, kann die Erdnusskerne beim Rösten in der Pfanne übrigens noch leicht

karamellisieren lassen: Einfach etwas Puderzucker zu den Nüssen in die heiße Pfanne geben, die Pfanne so lange schwenken, bis die Nüsse einen hauchfeinen Karamellmantel angenommen haben – super lecker!

DER PUDERZUCKER-TRICK

Wer Nüsse in der Pfanne ohne Fett röstet, kann sie währenddessen leicht mit Puderzucker bestäuben. Die Nüsse dabei kräftig schwenken, so schmilzt der Zucker und legt sich wie ein hauchdünner Karamell-Mantel um die Nüsse – sensationell!

Das gegarte Gemüse wird mit den Hähnchenwürfeln und den Nüssen vermengt und mit Sojasauce abgeschmeckt. Je nach Bedarf und Geschmack kann hier auch gerne mit weiteren Zutaten, wie Austernsauce, Ingwer, Zwiebeln oder Koriander, gearbeitet werden. Aber wir halten uns an unsere Vorgaben. Sarah hat sich die Wan-Tan-Blätter schon im Vorfeld auf einer Arbeitsplatte zurechtgelegt und gibt nun jeweils einen Löffel der kompakten (nicht zu flüssigen!) Füllung in die Mitte. Zwei Ränder werden mit kaltem Wasser befeuchtet, diagonal zu einem Täschchen zusammenklappt und gut angedrückt. Die Wan-Tans können nun im heißen Wasserdampf gegart oder auch auf Vorrat eingefroren werden. »Das ist super praktisch«, empfiehlt Sarah für zu Hause. So hat man einmal etwas mehr Arbeit und holt sich die fertigen Wan-Tans nach Bedarf aus dem Gefrierfach. Einfach kurz garen, ohne groß in der Küche zu wirbeln. Praktisch, nicht?!

Etwas aufwendiger ist Teller Nummer drei. Ich würde sagen: Etwas für Feinmotoriker. Denn hier verzichtet Sarah auf die Wan-Tan-Blätter und konzentriert sich ganz auf die Peperoni, die bislang eher als

unauffälliges Würzmittel im Hintergrund geblieben sind. Die kleinen Gewürzpaprika werden längs halbiert, entkernt, gefüllt, fest zusammengedrückt und in Tempuramehl und Panko (japanisches Paniermehl), beides Bonuszutaten für Sarahs dritten Teller, paniert und ausgebacken. Kein Hexenwerk, aber auch nicht »mal eben« ... Sarah hat grüne Peperoni gewählt, da sie in der Regel etwas milder sind als rote. Sie werden mit einer ähnlichen Gemüse-Hähnchen-Masse gefüllt wie die Teigtaschen im zweiten Rezept. »Man könnte tatsächlich auch genau die gleiche Füllung nehmen wie bei den Wan-Tans«, schlägt Sarah vor. Nach dem Füllen kommt der »Deckel«, also die andere Hälfte der Peperoni, oben drauf. Die gefüllten Früchte werden erst in trockenem, dann in flüssigem Tempuramehl und anschließend in krossen Pankobröseln gewälzt und im heißen Öl ausgebacken. »Das Rezept ist bei uns übrigens mal aus Zufall entstanden«, erzählt Sarah und lacht. Damals hatten sie gegarten Schweinebauch übrig und haben ihn einfach mal in kleine Peperoni gefüllt, paniert und ausgebacken. »Das war sehr lecker!«. Am Ende ist die Schweinebauch-Peperoni dann in einer Tagesspezial-Sushirolle gelandet. »Das ist dann natürlich schon ziemlich aufwendig«, sagt Sarah und schmunzelt. Wer das Rezept – natürlich auch ganz ohne Sushi – mal variieren möchte, kann übrigens auch kleine Mini-Paprikaschoten verwenden. »Große funktionieren natürlich nicht wegen der Garzeit!«

Drei Teller sind fertig, drei Rezeptfotos im Kasten. Kein Stündchen hat es gedauert, die drei Gerichte auf den Tisch zu bringen. Wenn das mal keine guten Voraussetzungen für ein kleines asiatisches Menü zu Hause sind ...

ASIATISCH IN DREI GÄNGEN

Die drei Gänge aus Sarah Henkes Kapitel lassen sich wunderbar für einen asiatischen Motto-Abend mit Freunden als Menü oder Buffet zubereiten. So wird noch mal deutlich, wie vielfältig sich aus nahezu gleichen Zutaten kochen lässt.

OFFENER WAN-TAN

MIT SHIITAKE UND MAISHÄHNCHEN

ZUTATEN FÜR 4 PORTIONEN ALS VORSPEISE ODER SNACK

ZUTATEN

8 TK-Wan-Tan-Blätter (aus dem Asien-Laden)

6 kleine Shiitake

3 Frühlingszwiebeln

175 g Maishähnchenbrust (ohne Haut)

1 kleine, rote Peperoni

2 EL Sonnenblumenöl

4 EL Sojasauce

2 EL Austernsauce

ZUBEREITUNG

Die Wan-Tan-Blätter bei Zimmertemperatur auftauen lassen. Optional die Blätter rund zuschneiden (so wie auf dem Bild). Die Shiitake wenn nötig putzen und in sehr feine Würfel schneiden. Die Frühlingszwiebeln waschen, trocken tupfen und in feine Ringe schneiden. Die Maishähnchenbrust abbrausen, trocken tupfen und sehr fein würfeln. Die Peperoni waschen, trocken tupfen, entkernen und ebenfalls sehr fein würfeln.

Das Öl in einer beschichteten Pfanne erhitzen und die Zutaten darin zusammen unter Rühren bei mittlerer Hitze anbraten. Mit Sojasauce und Austernsauce ablöschen und die Flüssigkeit leicht einköcheln lassen. Den Hähnchen-Gemüse-Mix 4–5 Minuten in der Pfanne garen.

In der Zwischenzeit einen breiten Topf mit Wasser aufsetzen, das Wasser einmal aufkochen und die Wan-Tan-Blätter darin etwa 20 Sekunden ziehen lassen. Je nach Topfgröße passen 2–3 Blätter gleichzeitig in den Topf.

ANRICHTEN: Jeweils 1 Wan-Tan-Blatt auf einen Teller legen, 1 EL Hähnchen-Gemüse-Mischung mittig auf jedes Wan-Tan-Blatt geben und mit einem weiteren, frisch gegarten Wan-Tan-Blatt abdecken. Mit etwas Füllung und Sauce abschließen und direkt servieren.

UPGRADE-TIPP: ***Wer es kräftiger mag, würzt die Füllung noch mit Chili oder verwendet nach Geschmack etwas mehr Austernsauce – einfach ausprobieren! Außerdem lässt sich der Hähnchen-Gemüse-Mix auch toll mit frischem Koriander und geröstetem Sesam verfeinern!***

GEDÄMPFTE WAN-TAN

MIT HÄHNCHEN-PILZ-FÜLLUNG

ZUTATEN FÜR 4 PORTIONEN ALS VORSPEISE ODER SNACK

ZUTATEN

8 TK-Wan-Tan-Blätter (aus dem Asien-Laden)

2 EL Erdnusskerne

5 kleine Champignons

3 kleine Shiitake

1 kleine, rote Peperoni

2 EL Sonnenblumenöl

175 g Maishähnchenbrust (ohne Haut)

4 EL Sojasauce

AUßERDEM:

Bambuskörbchen oder Sieb

Backpapier (durchlöchert)

ZUBEREITUNG

Die Wan-Tan-Blätter bei Zimmertemperatur auftauen lassen. Die Erdnusskerne in einer heißen Pfanne ohne Fett goldbraun rösten, aus der Pfanne nehmen, fein hacken und beiseitestellen.

Für die Wan-Tan-Füllung die Pilze putzen und sehr fein würfeln. Die Peperoni waschen, trocken tupfen, entkernen und ebenfalls sehr fein würfeln.

Das Öl in einer Pfanne erhitzen und die Pilz- und Peperoniwürfel darin bei mittlerer Hitze kurz anbraten, dann in eine Schale geben.

Das Hähnchenfleisch abbrausen, trocken tupfen und super fein würfeln. Mit dem Gemüse und den gehackten Erdnusskernen vermengen. Den Hähnchen-Nuss-Gemüse-Mix mit der Sojasauce vermengen.

Die Wan-Tan-Blätter auf einer Arbeitsplatte ausbreiten und jeweils 1 TL Füllung mittig auf die Blätter setzen. Jeweils die Ränder der Blätter dünn mit kaltem Wasser bepinseln, diagonal über die Füllung schlagen und die Ränder zusammendrücken, sodass 8 gefüllte Wan-Tan-Taschen entstehen. Dabei sollte möglichst keine Luft in den Taschen bleiben. Für eine schönere Optik können die Ränder der Wan-Tans leicht zusammengefaltet werden.

ANRICHTEN: Einen großen Topf mit Salzwasser zum Kochen bringen, ein Bambuskörbchen oder Sieb einsetzen, die Fläche mit einem passenden Stück durchlöchertem Backpapier auslegen, die Wan-Tans darauf setzen und abdecken. Im geschlossenen Dampf etwa 7 Minuten garen und direkt servieren.

UPGRADE-TIPP: ***Wer mag, kann die Füllung zusätzlich noch mit etwas Austernsauce abschmecken. Sie ist leicht süßlich und bringt zudem noch mehr Würze in die Füllung. Auch mit Knoblauch, Ingwer, Koriander oder anderem fein geschnittenen Gemüse lässt sich die Füllung variieren.***

TIPP: ***Es bietet sich an, gleich größere Mengen zu formen und noch vor dem Dämpfen einzufrieren. So hat man schnell ein paar Teigtaschen parat, die im gefrorenen Zustand einfach im heißen Dampf gar ziehen können.***

GEFÜLLTE PANKO-PEPERONI

MIT HÄHNCHEN UND SHIITAKE

ZUTATEN FÜR 4 PORTIONEN ALS VORSPEISE ODER SNACK

ZUTATEN

FÜR DIE GEFÜLLTEN PEPERONI:

8 kleine, grüne Peperoni (milde Sorte aus dem Asien-Laden)

6 kleine Shiitake

1 kleine, rote Peperoni

2 EL Sonnenblumenöl

150 g Maishähnchenbrust (ohne Haut)

4 EL Sojasauce

FÜR DIE PANKO-PANADE:

8 EL Tempuramehl (ohne Geschmacksverstärker; aus dem Asien-Laden)

4 EL Panko (aus dem Asien-Laden)

500 ml Sonnenblumenöl zum Frittieren

ZUBEREITUNG

Die grüne Peperoni waschen, trocken tupfen, längs halbieren und entkernen. Die Shiitake putzen und sehr fein würfeln. Die rote Peperoni waschen, trocken tupfen, entkernen und ebenfalls sehr fein würfeln. Das Öl in einer Pfanne erhitzen und die Shiitake- und Peperoniwürfel darin bei mittlerer Hitze 2–3 Minuten anbraten, dann in eine Schale geben.

Die Maishähnchenbrust abbrausen, trocken tupfen, sehr fein würfeln und mit der Sojasauce zum Gemüse in die Schale geben. Alles gut miteinander vermengen.

Für die Panierstraße jeweils zwei kleine Schalen mit 4 EL Tempuramehl füllen. In eine der beiden Schalen nur so viel Wasser zugeben, dass eine vanillesauceartige Konsistenz entsteht. In eine dritte Schale das Panko geben.

Die Peperonihälften mit dem Hähnchen-Gemüse-Mix füllen, die andere Hälfte der Peperoni auf die Füllung setzen und festdrücken. Zum Panieren die gefüllten Peperoni erst im trockenen Tempuramehl wälzen, dann in den flüssigen Tempuramix tauchen und anschließend mit Panko umhüllen.

ANRICHTEN: Zum Frittieren das Öl in einen Topf geben und auf etwa 180 °C erhitzen. Es ist heiß genug, wenn an einem hinein gehaltenen Holzlöffelstiel kleine Bläschen nach oben steigen. Die Peperoni ca. 4 Minuten goldbraun im heißen Fett ausbacken, kurz auf Küchenpapier abtropfen lassen und direkt servieren.

UPGRADE-TIPP: ***Die Füllung lässt sich nach Herzenslust erweitern. Wichtig: Alle Zutaten sollten sehr fein geschnitten sein, sodass eine kompakte Masse entsteht. Koriander, Frühlingszwiebeln oder feinste Möhrenwürfel passen zum Beispiel wunderbar. Zum Abschmecken eignen sich auch Ingwer, Chili oder Austernsauce.***

THOMAS BÜHNER

EIN GUTES
»MISE EN PLACE«
IST ALLES – GERADE
IN DER
SPITZENKÜCHE

THOMAS BÜHNER

EHEMALS LA VIE | OSNABRÜCK
3 MICHELIN-STERNE

HEU SAHNE
KNOLLENSELLERIE
BUTTER
SCHALOTTEN

HEU
SAHNE
KNOLLENSELLERIE
BUTTER
SCHALOTTEN

1

Sellerie auf Heu geschmort

mit Kaffeeschaum und Apfelbalsamico

2

Gebratene Dorade

auf Sellerie-Schalotten-Creme mit Dillöl

3

Rosa gegarter Kalbsrücken

auf gebutterten Kohlrabinudeln

2 BONUSZUTATEN JE GERICHT

Kaffee und Apfelbalsamico

Dorade und Dill

Kalbsrücken und Kohlrabi mit Grün

HEU IN DER KÜCHE?!

Je mehr Sterne, desto detailverliebter und aufwendiger die Teller – könnte man denken. Und meist ist das auch so. Zumindest im Restaurantalltag. Doch wer sagt denn, dass 2- und 3-Sterneköche nicht auch anders können?

Es ist eine Frage, die ich Köchen sehr gerne stelle: Was kochen sie eigentlich, wenn sie zu Hause sind? Was kochen sie für sich, für ihre Familie, für ihre Kinder oder Gäste? Die Antworten gehen weit auseinander. Die einen antworten schon, bevor die Frage fertig ausgesprochen ist: »Nie! Nichts! Auf keinen Fall! Zu Hause habe ich keine Lust mehr zu kochen!« Andere erzählen was von schnellen Spaghetti mit Gemüse, Grillen mit Freunden, Reispfannen oder Käsebrot. Und einer hat mir mal erzählt, dass er zu Hause nur Kaffee kocht, den Rest mache seine Frau – und das richtig gut.

Der Satz kommt von Thomas Bühner. Als 3-Sternekoch gehört er zu den erfolgreichsten und bekanntesten Spitzenköchen weltweit. Bis zum Sommer 2018 war er Geschäftsführer und Patron des gefeierten Gourmetrestaurants »la vie« in der Altstadt von Osnabrück. Gäste, die bei ihm und dem Team um Küchenchef Timo Fritsche essen wollten, haben mitunter Anreisen aus Mexiko, San Francisco oder Bangkok auf sich genommen, um ein Menü mit Höchstwertung der Michelin-Tester zu genießen. Weltklasse in einer 160.000-Einwohner-Stadt wie Osnabrück – das war definitiv etwas Besonderes. Ein Restaurant der Sorte, von denen es weltweit kaum mehr als 120 gibt.

»Das, was hier aus Lebensmitteln geschaffen wurde, das hat mich fasziniert.«

LERNEN VON DEN PROFIS

Wer Spitzenköchen über die Schultern schaut, entdeckt überraschende, spannende und raffinierte Tricks, die sich zum Teil sogar zu Hause in der Alltagsküche anwenden lassen. So zum Beispiel auch das Garen mit Heu und das Braten in Sahne.

Ich kenne Thomas Bühner nun schon einige Jahre und habe ihm viele spannende Einblicke in die Spitzengastronomie zu verdanken. Zunächst hatte ich für die »Neue Osnabrücker Zeitung«, die lokale Zeitung in meiner Heimatstadt, später auch für überregionale Magazine und Zeitschriften über das »la vie« berichtet. Und dann bin ich aus eigenem Interesse länger geblieben: tage- und wochenweise für spannende Praktika in der mehrfach ausgezeichneten Restaurantküche. Das, was hier aus Lebensmitteln geschaffen wurde, das hat mich fasziniert: Die Präzision, all die Details, aber auch die unglaublich spannenden und praktischen Tipps, die ich mit nach Hause nehmen durfte.

Genau so ist übrigens auch diese Buchreihe mit Spitzenköchen entstanden: Ich habe gemerkt, wie viel wir durch Einblicke in Spitzenküchen und Gespräche von Spitzenköchen lernen können. Natürlich ersetzt das nicht ansatzweise eine Kochausbildung oder die wertvollen Wanderjahre, die jeder erfolgreiche Küchenchef absolviert hat. Vielmehr geht es mir in den Büchern und Texten um die Motivation, die Begeisterung, auch aus einfachen Lebensmitteln besonders viel rauszuholen. Gemüse so zuzubereiten, dass es wirklich intensiv schmeckt, Fleisch und Fisch auf den Punkt zu garen oder Desserts zu kreieren, die auch ohne Unmengen von Zucker auskommen und stattdessen von der Eigensüße der verarbeiteten Banane, Rote Bete oder Ananas leben. Diese Tricks waren es, die ich mir bei den »la vie«-Küchenbesuchen notiert hatte und von denen ich dachte, dass sie sicher nicht nur mich, sondern auch viele andere Hobbyköche interessieren.

Ich freue mich sehr, dass Thomas Bühner auch bei diesem, mittlerweile dritten Spitzenküchentitel mit an Bord ist und fünf Zutaten ausgewählt hat, aus denen er für dieses Kapitel drei völlig verschiedene, aber gleichermaßen spannende Teller kocht. Und Hand aufs Herz: Den ein oder anderen hat es doch

PÖDÖR

schon beim ersten Blick auf den Warenkorb seines Kapitels überrascht, wie simpel und alltagstauglich seine Zutaten sind, oder? Genau das ist es, was ich an diesem Projekt so spannend finde: Köche reizt es mitunter viel mehr, aus Einfachem das Beste herauszuholen, als andauernd nur auf Luxuszutaten zu setzen. Klar: Luxuszutaten sind spannend und aus der gehobenen Küche nicht wegzudenken. Da gehören sie auch hin. Aber eben nicht nur.

Und so haben wir es auf diesen Seiten mit ganz normalem Knollensellerie vom Wochenmarkt, frischer Sahne, Butter, kleinen Schalotten und etwas Heu vom Bauern zu tun. Butter, Sahne und Heu als Hauptzutaten?! Tatsächlich, so ist es!

Thomas Bühner stellt scheinbare Nebendarsteller ganz bewusst in den Mittelpunkt seiner Gerichte. So kommt es dann auch, dass ganz klare Hauptdarsteller wie Kalbsrücken oder Dorade zu seinen Bonuszutaten werden, die er nur punktuell, jeweils für einen Teller mit ins Boot holt.

Die Idee dahinter verspricht allerhand wertvollen Input für die Alltagsküche zu Hause: Denn hinter Butter, Sahne und Heu verbergen sich raffinierte Gartechniken und Zubereitungsmethoden, die fest mit Thomas' kulinarischer Handschrift verknüpft sind: Butter als eigenständiger Geschmack und Aromenträger, Sahne zum Braten und Heu zum Aromatisieren für im Prinzip alles, was einem zu Hause auf die Arbeitsplatte kommt.

Thomas' Hauptzutaten sind im Grunde also nichts anderes als Werkzeuge: Werkzeuge, die immer wieder neu angewendet werden können – immer abhängig davon, welche weiteren Zutaten und Bonuszutaten man vor sich hat. Ziemlich clever!

Wir treffen uns in Thomas' Küche zu Hause, denn seit der Schließung des »la vie« im Sommer 2018 ist der 3-Sternekoch als Freelancer und Berater tätig. Ich habe Glück, überhaupt ein kleines Zeitfenster erwischt zu haben. Denn aktuell reist er mehr zwischen Hongkong, Ecuador, dem Oman, Portugal und der Schweiz für Gastkochevents umher, als dass er zu Hause in seiner Küche steht. So spannend und international kann das Leben als 3-Sternekoch sein.

Genau so funktioniert raffiniertes Foodpairing.

Wir legen los. Für das erste Rezept hat Thomas sich eine Vorspeise überlegt: Auf Heu geschmorter Sellerie mit Kaffee-Sahne-Schaum und Apfelbalsamico. Ich frage mich: Woher um alles in der Welt weiß man, dass Sellerie und Kaffee zusammen funktionieren?! »Schau einfach mal, was passiert, wenn du Sellerie verbrennen lässt«, sagt Thomas und schmunzelt: »Er schmeckt exakt nach Kaffee!«. Genau so funktioniert raffiniertes Foodpairing: Ähnliche und konträre Aromen werden zusammengebracht, sodass ein angenehmer Mix aus Harmonie und Spannung entsteht. Wenn verbrannter Sellerie wie Kaffee schmeckt, dann darf man davon ausgehen, dass auch im geschmorten Sellerie bereits Nuancen oder Verwandte des Kaffeearomas enthalten sind.

KAFFEE UND SELLERIE?!

Passt! In Spitzenküchen geht es immer wieder darum, spannende Kombinationen von Zutaten zu finden, die zwar für Spannung sorgen, aber auch irgendwie harmonisch und stimmig sind. Wer Sellerie mal verbrennen lässt, merkt, dass der Kaffee-Geschmack durchaus ein Verwandter ist!

Raffiniert ist außerdem der Einsatz von Heu: Beim ersten Rezept nutzt Thomas die getrockneten Gräser, um die Sellerieknolle bereits beim Garen zu aromatisieren. Das ist ganz einfach: Der Topf, in dem die Knolle gart, ist mit Heu ausgelegt. Dazu kommt etwas Wasser und einige Würfel Butter, sodass die Aromen aus dem Sellerie und aus dem Heu vom Fett besser getragen werden. Außerdem rundet die Butter die Kombination aus Sellerie und Heu wunderbar mit ihren fein-buttrigen Noten ab. Der Sellerie gart im geschlossenen Topf, in dem sich durch die aufsteigende Wärme rasch ein kräftiger Heudampf entwickelt: Er gibt dem Sellerie für die Vorspeise eine raffinierte und zugleich absolut harmonische Note.

Neben dem Kaffee ist Apfelbalsamico eine Bonuszutat für den Teller: Er wird unmittelbar vor dem Servieren über die frisch gegarten Selleriestücke und den fluffigen Kaffeeschaum geträufelt und setzt der Kombination so noch ein fein-säuerliches i-Tüpfelchen auf.

Natürlich lässt sich die Idee nach Herzenslust weiterdenken: Man könnte noch mit einem Hauch frisch gerösteter und geriebener Kaffeebohne arbeiten. Oder man serviert den Sellerie fein gewürfelt als Tatar mit dem Kaffeeschaum und einigen Tropfen Balsamico obenauf. Auch die warme Sellerie-Schalotten-Creme, die wir gleich für den zweiten Teller zubereiten, könnte die erste Vorspeise schon wunderbar ergänzen und variieren.

Womit wir schon mitten in der Zubereitung von Teller Nummer zwei sind: Ein Fischgang, der unglaublich einfach ist und zugleich richtig viel her macht. Ideal übrigens, wenn sich Gäste angekündigt haben: Die Sellerie-Schalotten-Creme lässt sich bereits am

Vortag zubereiten, der Fisch ist innerhalb von 10 Minuten servierfertig und das Dillöl ist ebenfalls ein klarer Fall für die entspannte Zubereitung am Vortag. Ein gutes »Mise en Place« ist alles – gerade in der Spitzenküche.

»Ich gare den Sellerie hier genauso auf dem Heu wie für den ersten Gang auch«, erklärt Thomas. Einziger Unterschied: Es kommen noch Schalotten hinzu. Das Gemüse nimmt beim sanften Garen einen Hauch Heuaroma an, das die Creme anschließend fast unbemerkt, aber doch spürbar verfeinert. Natürlich lassen sich nicht nur Sellerie und Schalotten mit Heu kombinieren: Blumenkohl, Spargel oder Petersilienwurzeln bieten sich zum weiteren Experimentieren ebenfalls an!

Für ein richtig cremiges Püree eignet sich wahlweise ein starker Hochleistungsmixer oder auch ein guter Stabmixer. Wer es allerdings so fein haben möchte wie auf dem Foto, der macht sich die gleiche Arbeit, wie 3-Sternekoch Thomas Bühner und streicht die bereits pürierte Creme noch mal durch ein Sieb – so wird sie absolut perfekt!

Für den Fisch hat Thomas nun einen besonderen Trick: Wer Thomas' Art zu kochen kennt, der weiß, niemals würde er den Fisch ringsherum melieren, um die gewünschten Röstaromen zu erzeugen. Stattdessen greift er zu Sahne – einfache, süße, flüssige Sahne aus dem Supermarkt. Sobald der Fisch auf der Hautseite in der aufgeschäumten Butter in der Pfanne liegt, gießt er einen kleinen Schuss Sahne hinzu und reduziert die Temperatur. Was jetzt passiert, ist absolut spannend: Der Milchzucker aus der Sahne karamellisiert und im Butter-Sahne-Gemisch entstehen feine Röstaromen. Genau diesen Effekt erzeugt sonst auch die Mehlschicht, doch das Mehl hat einen entscheidenden Nachteil: Es wird in Kontakt mit Flüssigkeit schnell matschig – und nicht kross, wie wir es uns eigentlich wünschen. Deshalb: Die Haut des Fisches nutzen, um ihn erst richtig schön knusprig zu braten, dabei nicht zu viel Temperatur, damit der Fisch schön glasig bleibt. Dazu ein Schuss Sahne für die Röstaromen – kein Hexenwerk, aber ein sensationelles Ergebnis! Die Methode funktioniert natürlich nicht nur mit Dorade. Theoretisch bietet sich das Braten im Butter-Sahne-Mix für alle Fische an, die man gut auf der Haut braten kann. Sehr zu empfehlen ist die Technik zum Beispiel auch bei Skrei-Filet, das es in den Wintermonaten beim Fisch-Händler des Vertrauens gibt. Zander funktioniert ebenfalls wunderbar. Wichtig nur: Auf der Haut braten. So wird das Fischfleisch geschont und bleibt angenehm glasig, wie man es sich wünscht.

BRATEN MIT SAHNE

Ein spannender Trick für zu Hause: Anstelle Fisch in Mehl zu wenden, wird er einfach gesalzen, in Butter angebraten und mit einem kleinen Schuss Sahne leicht karamellisiert – funktioniert!

Für den dritten Teller holt Thomas sich als Bonuszutat Fleisch ins Programm. So kann er zeigen, dass das Aromatisieren mit Heu nicht nur mit Gemüse, sondern auch mit Fleisch ganz wunderbar funktioniert. Er hat sich für ein gutes Stück Kalbsrücken entschieden, das auch für Hobbyköche leicht zu beziehen ist. In großen, gut sortierten Metzgereien ist Kalbfleisch regulär vorrätig. In kleineren Betrieben muss es in der Regel vorbestellt werden. Alternativ würde sich zum Beispiel auch Rinder- und Schweinefilet anbieten. Im Prinzip alle Stücke vom Tier, die in die Kategorie Kurzgebratenes passen.

FLEISCH SAFTIG GAREN

Das bedeutet meist auch: Runter mit der Temperatur. Fleisch lieber länger, dafür bei weniger Hitze garen. So bleibt die Struktur zart und saftig.

Das Kalbfleisch gart Thomas ganz einfach und schonend im Ofen – und zwar auf Heu. So nimmt das Fleisch beim langsamen Garen das feine Heuaroma an, das dem Gang ein wenig Raffinesse gibt, die man nicht alle Tage auf dem Teller hat. Gutes Heu bekommt man bestenfalls beim Bauern. Hier lohnt es sich, beim nächsten Wochenmarkteinkauf einfach mal nachzufragen.

Kalbfleisch ist besonders zart und empfindlich – deshalb ist es umso wichtiger, die Temperatur im Blick zu behalten. Wer ein Sous-vide-Gerät und einen Vakuumierer besitzt, macht es sich besonders einfach: Eine kleine Portion Heu mit einigen Butterflocken und dem Kalbsrücken vakuumieren und bei 54 °C im heißen Wasserbad medium garen. Doch auch der gute, alte Ofen liefert ein tolles Ergebnis. Thomas heizt den Ofen auf 140 °C vor. Sobald der Kalbsrücken samt Heu hinein wandert, reduziert er die Temperatur auf 100 °C. Nach 20 Minuten dreht er den Regler noch weiter herunter auf 60 °C. Nach 35 Minuten ist der Kalbsrücken perfekt rosa gegart – medium also – und sollte im Kern etwa 54 °C haben. Wer das Fleisch medium well oder durchgaren möchte, legt noch ein paar wenige Minuten nach und kontrolliert bestenfalls mit dem Fleischthermometer.

Aus wenigen und einfachen Zutaten entsteht so ein extrem schmackhaftes und produktfokussiertes Ergebnis.

Die zweite Bonuszutat, die Thomas für den dritten Teller gewählt hat, ist Kohlrabi. Frische Kohlrabiknollen mit Grün. Ein weiteres Beispiel, das zeigt, wie wirksam Butter eingesetzt werden kann: Denn sowohl der Kohlrabi selbst, den Thomas in hauchdünne Nudeln schneidet, als auch die grünen Blätter dünsten in der Butter langsam bissfest gar, geben einen Teil ihrer Flüssigkeit und Aromen in die Butter, sodass fast beiläufig eine sensationelle und intensive Kohlrabi-Butter-Sauce entsteht. Gerade für die Alltagsküche zu Hause ein toller Trick: Aus wenigen und einfachen Zutaten entsteht so ein extrem schmackhaftes und produktfokussiertes Ergebnis.

Um aus den Kohlrabi-Knollen Nudeln zu schneiden, dreht er aus den Knollen mithilfe eines Spiralschneiders feine Nudelnester. Sein Schneidegerät hat er sich vor einigen Jahren mal von einer Japan-Reise mitgebracht. Hierzulande sind eher klassische Spiralschneider üblich, aus denen dann Spaghetti oder etwas breitere Tagliatelle geschnitten werden.

Wer Lust hat, integriert zusätzlich noch die Schalotten aus dem Einkaufskorb: Einfach den Ofen auf 160 °C (Umluft) vorheizen und die kleinen, süßen Mini-Zwiebeln samt Schale für etwa 20 Minuten im eigenen Saft schmoren. Anschließend drückt man die Zwiebeln vorsichtig aus der Schale und serviert die weich geschmorten Segmente zu den gebutterten Kohlrabinudeln und dem rosa gegarten Kalbsrücken – ein perfektes Sonntagsessen!

Prever
VG10 DAMASCUS

SELLERIE AUF HEU GESCHMORT

MIT KAFFEESCHAUM UND APFELBALSAMICO

ZUTATEN FÜR 4 PORTIONEN ALS VORSPEISE

ZUTATEN

FÜR DEN GESCHMORTEN SELLERIE:

1 kleiner Knollensellerie (ca. 500 g)

2–3 Handvoll Heu (vom Bauern)

ca. 45 g Butter

FÜR DEN KAFFEESCHAUM:

200 g Sahne

2 EL frisch gebrühter, starker Kaffee

Salz

AUSSERDEM:

Sahnespender (Sahnesyphon; 500 ml)

1 Stickstoffkapsel

Salz

Apfelbalsamico

ZUBEREITUNG

Den Sellerie waschen, trocken tupfen und halbieren. Einen großen Topf bereitstellen und das Heu hineingeben. Die Butter in Flocken auf dem Heu verteilen und leicht hineindrücken. Die Selleriehälften mittig auf das Heu setzen und den Topf mit 250 ml Wasser angießen. Das Wasser zum Köcheln bringen, den Deckel auflegen und den Sellerie im geschlossenen Topf im Heudampf bei schwacher Hitze ca. 40 Minuten garen. Er sollte noch eine angenehme, bissfeste Konsistenz haben. Dabei aufpassen, dass genügend Flüssigkeit im Topf ist, sodass das Heu nicht ansetzt.

In der Zwischenzeit die Sahne in einen Sahnespender geben, den abgekühlten Kaffee und 1 Prise Salz hinzugeben und die Mischung mithilfe einer Stickstoffkapsel zu Schaum verarbeiten. Bis zum Servieren kühl stellen. Wer keinen Sahnespender hat, kann die Sahne auch erst steif schlagen und den Kaffee dann vorsichtig mit 1 Prise Salz unterheben.

ANRICHTEN: Den Sellerie aus dem Topf nehmen und in kleine Ecken teilen. Jeweils 3–5 Sellerieecken auf einen Teller geben, mit etwas Salz bestreuen, 1 kleine Portion Kaffeeschaum darauf setzen und mit einigen Tropfen Apfelbalsamico veredeln.

UPGRADE-TIPP: ***Mit Kräutersalz statt Salz zum Sellerie lässt sich das Gericht ohne großen Aufwand leicht variieren. Wer ein Sous-vide-Gerät besitzt, vakuumiert den Sellerie zusammen mit dem Heu und der Butter und gart ihn bei 95 °C 45–60 Minuten im heißen Wasserbad.***

GEBRATENE DORADE

AUF SELLERIE-SCHALOTTEN-CREME MIT DILLÖL

ZUTATEN FÜR 4 PORTIONEN ALS VORSPEISE ODER ZWISCHENGANG

ZUTATEN

FÜR DIE SELLERIE-SCHALOTTEN-CREME:

1 mittelgroßer Knollensellerie (ca. 600 g)

2–3 kleine Schalotten (ca. 100 g)

2–3 Handvoll Heu (vom Bauern)

50 g Butter

250 g Sahne

Salz

ZUBEREITUNG

Für die Sellerie-Schalotten-Creme den Knollensellerie waschen, trocken tupfen und halbieren. Die Schalotten mit der Schale längs halbieren. Das Heu in einen großen Topf geben, die Butter in Flocken darauf verteilen und leicht in das Heu drücken. Den Knollensellerie mittig auf das Heu setzen, mit 350 ml Wasser angießen und die Schalottenhälften rund um den Sellerie verteilen. Das Wasser zum Köcheln bringen und das Gemüse bei kleiner bis mittlerer Hitze im Heudampf 50–60 Minuten weich garen. Immer schauen, dass genügend Flüssigkeit im Topf ist und das Heu nicht ansetzt.

Anschließend den Sellerie und die Schalotten aus dem Topf nehmen. Die Schalotten und den Sellerie schälen. Das Gemüse klein schneiden und in einen Mixer geben. Die Sahne nach und nach zum Gemüse geben und alles sehr fein pürieren, je nach gewünschter Konsistenz noch etwas Wasser zugeben. Nach Wunsch die Creme zusätzlich durch ein Sieb streichen. Mit etwas Salz abschmecken und warmhalten.

Weiter geht's auf der nächsten Seite.

FÜR DIE GEBRATENE DORADE:

4 Doradenfilets mit Haut (je ca. 150 g)

Salz

2 EL Butter

50 g Sahne

FÜR DAS DILLÖL:

100 g Dill + 2 EL Dillspitzen zum Anrichten

Salz

150 ml Sonnenblumenöl

Die Doradenfilets von beiden Seiten leicht salzen. Die Butter in einer beschichteten Pfanne erhitzen, bis sie aufschäumt. Die Fischfilets auf der Hautseite in die Butter geben und in wenigen Sekunden knusprig anbraten, dann die Hitze auf kleine Stufe reduzieren. Etwas Sahne angießen und den Fisch je nach Dicke 4–8 Minuten in der Sahne braten.

In der Zwischenzeit den Dill waschen. Etwas Wasser mit 1 Prise Salz in einem Topf zum Kochen bringen. Den Dill darin kurz blanchieren, anschließend für einige Sekunden in Eiswasser geben, sodass er die grüne Farbe beibehält, dann trocken schleudern. Den blanchierten Dill mit dem Öl im Mixer auf höchster Stufe zu einer homogenen Masse mixen, dann durch ein Sieb streichen und das klare Dillöl auffangen.

ANRICHTEN: Die Sellerie-Schalotten-Creme in vier Schalen geben. Den Fisch mit der Hautseite nach oben mittig auf die Creme setzen. Rings herum etwas Dillöl träufeln und die Teller mit den Dillspitzen angerichtet servieren.

TIPP:* *Das restliche Dillöl am besten in einer kleinen Flasche im Kühlschrank aufbewahren. Es passt zu gegartem Fisch, verfeinert aber auch knackiges Pfannengemüse oder einen frischen Salat.

UPGRADE-TIPP:* *Anstelle von Doradenfilet kann auch Skreifilet oder Zanderfilet zubereitet werden. Das Braten mithilfe von Butter und Sahne funktioniert außerdem auch bei Fleisch und Gemüse: Der Milchzucker aus der Sahne karamellisiert in der Pfanne und gibt dem Fisch (Fleisch oder Gemüse) feine, sahnige Röstaromen.

ROSA GEGARTER KALBSRÜCKEN

AUF GEBUTTERTEN KOHLRABINUDELN

ZUTATEN FÜR 4 PORTIONEN ALS HAUPTGERICHT

ZUTATEN

FÜR DEN KALBSRÜCKEN:

1 Kalbsrücken im Ganzen (ca. 800 g)

2–3 Handvoll Heu

50 g Butter + 2 EL Butter zum Braten

Salz

ZUBEREITUNG

Den Kalbsrücken etwa 1,5 Stunden vor der Zubereitung aus dem Kühlschrank nehmen, sodass er langsam Zimmertemperatur annimmt. Den Ofen auf 140 °C (Umluft) vorheizen.

Eine große Auflaufform oder einen breiten Topf bereitstellen und den Boden mit Heu auslegen. 50 g Butter in Flocken gleichmäßig darauf verteilen und leicht in das Heu drücken. Die Form mit 250 ml Wasser angießen und den Kalbsrücken mit der Fettseite nach oben auf das Heu setzen. Den Ofen auf 100 °C reduzieren und den Kalbsrücken im Ofen ca. 20 Minuten garen. Anschließend die Temperatur auf 60 °C verringern und das Fleisch ca. 15 Minuten weiter garen. Zwischendurch mit dem Fleischthermometer die Temperatur kontrollieren: Sobald der Kalbsrücken im Kern rund 54 °C hat, ist das Fleisch medium gegart und fertig. Wer sein Fleisch gern medium well möchte, lässt es so lange im Ofen garen, bis es im Kern 58 °C hat. Wer es lieber durchgegart mag, lässt die Hitze im Ofen bei mindestens 70 °C und wartet bis die Kerntemperatur 62 °C erreicht hat. Dabei aufpassen, dass immer genügend Wasser in der Form ist, sodass das Heu nicht ansetzt.

Alternativ kann das Fleisch auch im Heudampf im Kochtopf zubereitet werden. Dabei jedoch aufpassen, dass die Wärmezufuhr klein bleibt, sodass das Fleisch langsam gart und saftig bleibt. Mit dem Thermometer nach 20 Minuten die Kerntemperatur kontrollieren und das Fleisch so lange im Topf weiter garen, bis der gewünschte Garpunkt erreicht ist.

FÜR DIE KOHLRABINUDELN:

2 große Kohlrabi mit Grün (je ca. 300 g)

3 EL Butter

Salz

Pfeffer

AUßERDEM

Fleischthermometer

In der Zwischenzeit für die Kohlrabinudeln den Kohlrabi schälen, die Blätter abzupfen, waschen und trocken schütteln. Den Kohlrabi mithilfe eines Spiralschneiders zu Spaghetti verarbeiten und beiseitestellen. In einer großen, tiefen Pfanne die Butter erhitzen, bis sie schäumt. Die Hitze reduzieren, die Kohlrabinudeln in die Pfanne geben, mit der Nussbutter vermischen und 8–10 Minuten bissfest gar ziehen lassen. Die Kohlrabinudeln aus der Pfanne nehmen, mit Salz und Pfeffer abschmecken und warmhalten. Kurz vor dem Anrichten die Kohlrabiblätter in die Pfanne mit der warmen Butter geben und zwei Minuten bei mittlerer Hitze braten, leicht salzen.

Den Kalbsrücken aus dem Ofen nehmen. Die restlichen 2 EL Butter in einer Pfanne erhitzen. Den Kalbsrücken mit etwas von dem Heu in die Pfanne geben und für wenige Sekunden braten, sodass das Heuaroma kurz vor dem Anrichten noch einmal intensiviert wird. Das Fleisch aus der Pfanne nehmen und in 4 Scheiben schneiden. Mit etwas Salz leicht würzen.

ANRICHTEN: Die Kohlrabinudeln auf vier Teller verteilen. Je 1 Scheibe vom Kalbsrücken auf die Nudeln legen und 2–3 EL des gebutterten Kohlrabisuds als Sauce über das Gemüse geben. Mit Kohlrabiblättern garnieren und direkt servieren.

TIPP: ***Für ein noch genaueres Garergebnis den Kalbsrücken bereits aus dem Ofen nehmen, sobald er 2 °C vor der gewünschten Kerntemperatur ist. Denn er gart anschließend noch etwas nach.***

UPGRADE-TIPP: ***Zu den gebutterten Kohlrabinudeln und dem sanft gegarten Kalbsrücken passt wunderbar ein feines Kräutersalz (wahlweise mit Blüten), das erst unmittelbar vor dem Anrichten auf das Fleisch gestreut wird. Wer mag, kann sich solch ein Salz auch aus getrockneten Kohlrabischalen und -blättern selbst mixen!***

UPGRADE-TIPP: ***Thomas Bühner schneidet hier aus den Kohlrabiknollen feine Nudelnester – eine spezielle Schneidemaschine, die er sich mal aus Japan mitgebracht hat, macht es möglich. Unser Rezept ist für klassische Gemüsenudeln ausgelegt, die mit einem herkömmlichen Spiralschneider zu dünnen Spaghetti geschnitten werden.***

MITJA BIRLO

ROTE BETE IST EIN **VERWANDLUNGS-KÜNSTLER**. VON DER VORSPEISE BIS ZUM DESSERT

MITJA BIRLO

SILVER | VALS | SCHWEIZ

2 MICHELIN-STERNE

ZITRONE

EIER **BUCHWEIZEN**

ROTE BETE

RINDFLEISCH

ZITRONE
EIER
BUCHWEIZEN
ROTE BETE
RINDFLEISCH

1

Rote-Bete-Dumplings

mit Rindertatar und Röstzwiebeln

2

Entrecôte

mit gebackener Bete, Petersilienöl und gebeiztem Eigelb

3

Rote-Bete-Tarte

mit Buchweizen und Lemon Curd

2 BONUSZUTATEN JE GERICHT

Zwiebeln und Crème fraîche

Petersilie und Ricotta

Butter und Zucker

DIE **KULINARISCHE WELT** IST KLEIN

Das trifft auch auf die Welt der Spitzenküche zu. Als ich mich zu Beginn der Planungen für dieses Buch mit Tom Elstermeyer unterhalten habe, der das Restaurant »iko« in meiner Heimatstadt Osnabrück führt, hat er mich in die Schweiz geschickt. Sein Freund Mitja, mit dem er vor wenigen Jahren noch im berühmten »Viajante« in London gekocht hat, hatte im idyllischen Vals im Graubündener Val Lumnezia soeben die Küchenleitung im Restaurant »Silver« übernommen. Sven Wassmer, der das Restaurant des luxuriösen Designhotels »7132« jahrelang geführt und zu zwei Michelin-Sternen empor gekocht hatte, war gerade ein paar Kilometer weiter nördlich nach Bad Ragaz gezogen, um mit einigen Kollegen ein ganz neues Projekt aufzubauen – und der aus Bielefeld stammende Mitja Birlo, der all die vorigen Jahre als Souschef an seiner Seite im »Silver« gekocht hatte, wurde sein Nachfolger.

Mitja ist Genuss wichtig, nicht Provokation.

»Die Küche ist spannend, das wird dir gefallen«, hatte Tom gesagt. Denn im »Silver« kocht man naturverbunden. Der umliegende Wald, die Wildkräuter und die fast märchenhafte Bergwelt spielen in Mitjas Menü genauso hinein wie Fisch und Fleisch von Produzenten aus der Umgebung. Mitjas Vorgänger hatte das regionale Spiel so weit getrieben, dass am Ende sogar heimische Waldameisen Teil des Menüs waren. Mitjas Handschrift sieht jedoch anders aus: Ihm ist Genuss wichtig, nicht Provokation.

So klein ist die Welt der Spitzenküche: Man kennt sich, man trifft sich.

Und so kam ich im Sommer bei Kaiserwetter im wunderschönen Vals an und traf Mitja, einen der wichtigsten Weggefährten für Tom – und umgekehrt. Und nun sind beide in diesem Buch vertreten. Schmunzeln musste ich, als Tom mir beim Kochen für sein Kapitel in diesem Buch erzählte, dass er sich gerade mit Mitja fachlich austausche. Darüber, wie man das knusprig-weiße und mit Luftbläschen gespickte Eiweiß von gut gemachten Spiegeleiern kreativ verwenden und vielleicht sogar raffiniert in ein neues Rezept einbinden könnte. So etwas kommt häufiger vor: Köche tüfteln andauernd an Themen herum, probieren sich daran, wie sie neue Komponenten in Rezepte und Menüs integrieren können und tauschen sich aus. So klein ist die Welt der Spitzenküche: Man kennt sich, man trifft sich. Und in den allermeisten Fällen hilft man sich und ist oft sogar befreundet. So wie Tom Elstermeyer und Mitja Birlo.

Schauen wir mal in Mitjas Einkaufskorb: Randen stehen hier im Mittelpunkt. So nennt man Rote Bete in der Schweiz. Übrigens ein Produkt, das wir in diesem Buch gleich in vier oder fünf Kapiteln hätten, wenn ich einige Chefs nicht höflich gebeten hätte, vielleicht ein anderes Lieblingsprodukt zu wählen … Mitja war der erste, den ich im Sommer 2018 für dieses Buch besucht hatte – insofern hatte er freie Wahl und die Randen waren für sein Kapitel gesetzt.

Zitrone, Ei, Rindfleisch und Buchweizen sind die weiteren Zutaten in seinem Warenkorb. Anfangs bin ich über den Buchweizen gestolpert. Positiv natürlich: Denn wer hat schon Buchweizen auf dem Schirm?! Sicher, dieses Pseudogetreide kennt man als Hobbykoch, aber verwendet wird es dann doch eher seltener. Umso spannender, in diesem Kapitel zu sehen, was 2-Sternekoch Mitja Birlo Raffiniertes aus den nussig schmeckenden Körnchen zaubert.

Mitja hat sich für ein 3-Gang-Menü entschieden: 5 Zutaten und drei Gänge, die tatsächlich so konzipiert sind, dass man sie auch zu Hause als zusammenhängendes Menü servieren kann. Wir starten mit der Vorspeise: Kleine, feine Rote-Bete-Dumplings, also Gemüsetäschchen, die mit einer Röstzwiebelcreme und einem Rindfleischtatar gefüllt werden. Mitja richtet sie auf einer knallpinken Rote-Bete-Creme mit Buchweizen-Röstzwiebel-Crunch und konfiertem Ei an – ein unglaublich ansprechender Teller mit beeindruckenden Farben.

RAFFINIERT ANRICHTEN

Mitja richtet seine drei Gänge ähnlich aufwendig an, wie er es auch in seiner Küche tut. Natürlich ist das zu Hause nicht verpflichtend: Freestyle kann auch schick und raffiniert aussehen!

Zugegeben: Schnell Kochen geht anders. Man muss schon etwas Zeit und Muße mitbringen, um alle Komponenten für diese Vorspeise perfekt auf den Teller zu bringen. Insbesondere das kleinteilige Falten

und Anrichten der Dumplings erfordert etwas Feinmotorik und Fingerspitzengefühl. Doch der Aufwand lohnt sich – sehr sogar! Vor allem, wenn sich Gäste angekündigt haben und es mal etwas ganz Besonderes sein darf.

WÜRZEN MIT RÖSTZWIEBELN

Die Zwiebeln verarbeitet Mitja zu intensiv schmeckenden Röstzwiebeln, mit denen er gleich mehrere Komponenten seiner Vorspeise abschmeckt. Ein toller Tipp für zu Hause: passt zu Dips, zur Gemüsepfanne oder zum crunchigen Salat-Topping!

Übrigens ist es spannend, beim Nachkochen der Rezepte auch mal über den eigentlichen Tellerrand hinaus zu denken: So sind in jedem Gericht viele grundsätzliche Tipps und Anregungen versteckt, die – richtig angewendet – jede Menge frischen Wind in die Alltagsküche bringen. Das fängt bei einem konfierten statt gebratenen Ei an, geht bei selbstgemachten Röstzwiebeln weiter (so einfach – so genial!) und endet beim Buchweizencrumble als spannende Alternative zu gerösteten Walnusskernen oder Cashewkernen.

Wenig Arbeit, großer Effekt!

Seine Bonuszutat, die Zwiebeln, verarbeitet Mitja im ersten Schritt zu Röstzwiebeln, die den einzelnen Komponenten der Vorspeise mal etwas Crunch, mal herzhafte Würze und auf jeden Fall immer eine gute Portion Umami und Röstnoten geben. In nur fünf bis zehn Minuten lassen sich die gerösteten Zwiebeln selbst herstellen. Definitiv ein Schritt, den man sich auch für andere Alltagsgerichte einfach mal merken sollte: Wenig Arbeit, großer Effekt!

Die Röstzwiebeln bilden zusammen mit Crème fraîche eine feine Füllung für die marinierten Rote-Bete-Blätter. Für die Rote-Bete-Creme dienen sie als Würzmittel. Mitja kocht sie gemeinsam mit den Rote-Bete-Würfeln weich und püriert dann beides als cremige Basis für den Teller – auch das ist eine einfache, aber tolle Sache.

Und der auffällige gelbe Punkt in der Mitte des Tellers? Ist tatsächlich nichts anderes als Eigelb. Cremig, fast flüssig gegart – und zwar in warmem Olivenöl. Die Gartechnik »Konfieren« taucht in diesem Buch häufiger auf – aus gutem Grund. Gemüse, Ei, Fisch oder Fleisch werden mit Öl oder Butter bedeckt bei niedriger Temperatur gegart. Der Clou: Die Produkte saugen das Fett nicht auf, es dient vielmehr als Schutzmantel nach außen und führt dazu, dass Gemüse, Eigelb oder Fisch im eigenen Saft geschmackserhaltend und schonend garen. Der Buchweizen kommt geröstet und zusammen mit einigen Röstzwiebeln als crunchiges Topping ins Spiel. Wie bereits erwähnt: Einfach mal eine Alternative zu Sonnenblumen-, Walnuss- oder Cashewkernen, die sonst häufig als Knusper-Finish über ein Gericht gestreut werden. Buchweizen schmeckt nussig und herzhaft. Er lässt sich, wie Mitjas Rezepte zeigen, toll durch andere Zutaten, wie Rote Bete, Zitrone oder auch Zwiebeln aromatisieren.

Die Vorspeise ist fertig, die Fotos im Kasten und wir machen weiter mit dem Hauptgericht. Es gibt rosa gebratenes Entrecôte mit einem sensationell lakritzigen Rote-Bete-Gemüse, gebeiztem Eigelb, Petersilienöl, Rote-Bete-Sud und Buchweizen-Topping. Ein wahres Schmuckstück, dieser Teller! Vor allem durch das kräftige Farbenspiel aus den dunklen Tönen der Roten Bete und der grasig-grünen Farbe, die die Petersilie mit ins Spiel bringt.

Eine richtige Überraschung verbirgt sich hinter den Rote-Bete-Würfeln, denn sie werden weder gekocht, noch geröstet, sondern einfach im Ganzen auf Salz gebacken: In einer großen Ofenform werden die roten Knollen samt Schale auf ein Bett aus Meersalz gesetzt und im heißen Ofen in etwa zwei Stunden gegart. Was dabei in den Rote-Bete-Knollen passiert, erklärt auch das geschmackliche Ergebnis: Ein Großteil der Flüssigkeit wird beim Backen entzogen. So komprimieren sich der enthaltene Geschmack und die Aromen in den Knollen um ein Vielfaches! Das Ergebnis: Auffällig süße Rote Bete, die – ja tatsächlich! – an Lakritz erinnert. Dazu passt etwas fruchtige Zitronensäure und die typische Limonennote aus der Schale, mit der Mitja die Randenwürfel nach dem Backen fein abschmeckt.

Bei so viel Süße, die unser Gemüse nach dem Garen auf den Teller bringt, passt ein kräuteriger Begleiter wie die Petersilie ideal! So bleiben wir geschmacklich im Bereich der pikanten, salzigen Küche und rutschen nicht versehentlich in die Dessertrichtung ab. Das ist ein wichtiger Punkt, den man immer mit im Blick haben sollte, wenn eigene Rezepte entworfen werden: das ausgewogene und zugleich spannende Spiel aus Süße, Säure, Salzigkeit, bitteren Noten, Umami und verschiedenen Aromen.

Mitja wählt als erste Bonuszutat Petersilie, aus der er gleich zwei Komponenten herstellt: Ein kräuteriges Petersilienöl und eine grüne Ricottacreme. Ricotta ist die zweite Bonuszutat, die das Gesamtbild perfekt ergänzt: Die Milchsäure macht die Mischung aus süßer Bete, erdigen Rote-Bete-Noten und spitzer Zitronensäure rund und verbindet die verschiedenen Komponenten durch das enthaltene Milchfett mit einer schönen Cremigkeit.

Ein ganz zentraler Teil guter Fleischzubereitung: das Temperieren.

Das Entrecôte, das gleich rosa gebraten neben die Rote-Bete-Würfel gesetzt wird, liegt übrigens schon eine ganze Zeit auf einem Teller neben dem Herd. Ein ganz zentraler Teil guter Fleischzubereitung: das Temperieren. So nennen Köche den Prozess, wenn Fleisch, Fisch oder Eier nicht kühlschrankkalt in die Pfanne oder in den Topf wandern, sondern erst langsam Raumtemperatur annehmen. Man kann sich das ähnlich wie bei uns Menschen vorstellen: Wer morgens einen eiskalten Eimer Wasser ins Gesicht bekommt, zuckt zusammen. Besser wäre es, mit lauwarmem Wasser zu starten und den Körper langsam an die Kälte zu gewöhnen. Starke Temperaturwechsel sind anstrengend auch für Fleisch. Es zieht sich zusammen und verliert seine zarte Struktur. Insofern: Schonende Übergänge schaffen, das wirkt sich positiv auf das Gesamtergebnis aus.

Mittlerweile hat Mitja das Entrecôte scharf angebraten, jetzt zieht es in der warmen Pfanne langsam medium gar. Fehlen noch die Saucen. Die lassen wir bewusst erst mal weg und tragen den halbfertig angerichteten Teller vorsichtig zum Set. Erst unmittelbar vor dem Foto, wenn alle anderen Faktoren passen, gießt Mitja den Rote-Bete-Sud und das Petersilienöl an – ein Schmaus fürs Auge! Schnell noch einmal mit dem Löffel locker die beiden Flüssigkeiten verbinden – genau so hatte sich der 2-Sternekoch diesen Teller gedacht.

Zeit für den Nachtisch. Tatsächlich ist es Mitja gelungen, aus nur fünf Hauptprodukten und den zwei Bonuszutaten Butter und Zucker (die ehrlicherweise meist ohnehin im Kühlschrank stehen) ein Dessert auf Spitzenküchenniveau zu entwickeln. Ich bin begeistert! Denn gerade die Patisserie ist in der High-End-Liga für ellenlange Zutatenlisten bekannt. Umso schöner, an dieser Stelle schon einen Dessertexkurs mit minimalem Zutatenaufwand zu haben: Es gibt eine Rote-Bete-Tarte mit Buchweizen und cremigem Lemon-Curd-Schaum. Auch dies wird ein wunderschöner Teller – und zwar in doppelter Hinsicht. Zum einen ist die rot gefüllte Tarte mit dem schaumigen Curd und den filigranen, hellgelben, kandierten Zitronenschalen wirklich schon ein Hit für sich. Zum anderen aber auch der Teller als solcher: Er ist ein echtes Schmuckstück mit regionaler Geschichte. »Das ist echter Valser Stein«; erklärt mir Mitja. Echter Stein aus den Bergen, auf die man schaut, wenn man in seinem traumhaft gelegenen Restaurant sitzt. Wenn das kein sensationelles Finale für unser Menü wird!

Manch einer hat vielleicht gestutzt, als er den Titel gelesen hat: Ein süßer Kuchen aus Rote Bete?! Doch spätestens, wenn man die gebackene Bete vom Salzbett im Hauptgang probiert hat, weiß man, warum das sogar sehr gut funktioniert: Rote Bete ist zwar ein Gemüse und als Knolle vor allem in der salzigen Küche bekannt. Doch durch die enorme Süße und die lakritzigen Noten, die in ihr stecken, ist sie geradezu prädestiniert, ein spannendes, süßliches Aromenspiel mit ins Dessert zu bringen.

Die leicht nussig schmeckende Tarte wird so durch ein erdiges und zitrusfrisches Geschmacksspiel von Roter Bete und Zitrone getoppt. Meine Empfehlung: Unbedingt ausprobieren und nachbacken.

Vielleicht auch beim nächsten Kochabend mit Freunden. Denn umso komponentenreicher Mitjas Rezepte auch sind – desto leichter lässt sich die Arbeit beim gemeinsamen Kochen in der Küche aufteilen.

ROTE-BETE-DUMPLINGS

MIT RINDERTATAR UND RÖSTZWIEBELN

ZUTATEN FÜR 4 PORTIONEN ALS VORSPEISE ODER SNACK

ZUTATEN

FÜR DIE RÖSTZWIEBELN:

500 g Zwiebeln

500 ml Sonnenblumenöl

Salz

FÜR DIE DUMPLINGS:

3 mittelgroße Rote Bete (ca. 200 g)

1 Bio-Zitrone

Salz

Pfeffer

175 g frisches Rinderfilet oder Entrecôte (Tatarqualität)

100 g Crème fraîche

100 g Röstzwiebeln (s.o.)

FÜR DEN BUCHWEIZEN-CRUNCH:

100 g Buchweizen

100 g Röstzwiebeln (s.o.)

ZUBEREITUNG

Die Röstzwiebeln am besten am Vortag zubereiten. Dafür die Zwiebeln schälen und in feine Ringe schneiden. Das Öl mit den Zwiebelringen in einen Topf geben und langsam erhitzen. Die Zwiebelringe nur so lange im Öl rösten, bis sie eine gold-gelbe Farbe annehmen, dann sofort aus dem Öl nehmen. Sie sollten nicht zu dunkel werden, da sie sonst bitter schmecken. Abtropfen lassen, auf ein Stück Küchenpapier geben und leicht salzen. Anschließend an der Luft 3–4 Stunden trocknen lassen.

Für die Dumplings die Rote Bete schälen (Handschuhe!) und mit einer Aufschnittmaschine oder Mandoline etwa 1 mm dünn aufschneiden. Die Schale der Zitrone abreiben, den Saft auspressen. Die großen Rote-Bete-Scheiben mit Salz, Pfeffer und der halben Menge des Zitronensafts marinieren und etwa 2 Stunden ziehen lassen. Durch das Marinieren werden die rohen Scheiben elastisch und lassen sich später gut zu Taschen formen. Wer einen Vakuumierer hat, kann die Scheiben auch samt Marinade erst vakuumieren und dann ziehen lassen, für einen intensiveren Geschmack. Die Scheiben anschließend mit einem Servierring je nach gewünschter Taschengröße gleichmäßig rund ausstechen. Übrige Abschnitte für die Rote-Bete-Creme aufbewahren (siehe Seite 165).

In der Zwischenzeit für die Füllung das Rinderfilet mit dem Messer in sehr kleine Würfel schneiden. Das Rindertatar mit Salz, Pfeffer, etwa der halben Menge des Zitronenabriebs (den Rest anderweitig verwenden) sowie dem restlichen Zitronensaft abschmecken. Die Crème fraîche aufschlagen und mit den Röstzwiebeln mischen.

Für den Buchweizencrunch den Ofen auf 170 °C (Umluft) vorheizen. Den Buchweizen auf ein mit Backpapier belegtes Blech geben und im Ofen etwa 8 Minuten rösten. Den gerösteten Buchweizen mit den Röstzwiebeln mischen und mit einem Messer oder Blitzhacker so fein hacken, dass beinahe ein Pulver entsteht.

Weiter geht's auf der nächsten Seite.

FÜR DAS KONFIERTE EIGELB:

4 Eier (Größe M)

Olivenöl

FÜR DIE ROTE-BETE-CREME:

500 g Rote Bete

50 g Röstzwiebeln (s. o.)

4 EL Olivenöl

½ Bio-Zitrone

Salz

Pfeffer

FÜR DIE ROTE-BETE-WÜRFEL:

2 mittelgroße Rote Bete

Salz

FÜR DIE ZWIEBELRINGE:

2 Zwiebeln

AUßERDEM:

Servierring (etwa 15-20 cm Durchmesser)

4 kleine Soufflé-Förmchen

Für das konfierte Eigelb die Eier aus dem Kühlschrank nehmen und etwa 30 Minuten Raumtemperatur annehmen lassen. Den Ofen auf 64 °C (Umluft) vorheizen. Die Eier trennen (das Eiweiß anderweitig verwenden) und das Eigelb jeweils in ein kleines Soufflé-Förmchen mit etwas Olivenöl geben. Das Eigelb sollte im Öl schwimmen. Etwa 50 Minuten, bevor die Roten Beten für die Dumplings fertig mariniert sind, die Förmchen in den Ofen geben und die Eigelbe bei 64 °C 45–50 Minuten garen, bis sie je nach Geschmack flüssig bis wachsweich sind.

In der Zwischenzeit für die Rote-Bete-Creme die Rote Bete schälen, würfeln und mit den übrig gebliebenen Rote-Bete-Abschnitten (50-100 g; siehe Seite 162), den Röstzwiebeln und 3 EL Öl in einen Topf geben. Bei niedriger Hitze im geschlossenen Topf etwa 30 Minuten unter gelegentlichem Rühren weich schmoren. Nach Bedarf etwas Wasser angießen, damit die Rote Bete nicht ansetzt. In der Zwischenzeit den Saft der Zitronenhälfte auspressen. Die weiche Bete mit einem Stabmixer fein pürieren und mit Salz, Pfeffer, restlichem Öl und Zitronensaft abschmecken.

Für die Rote-Bete-Würfel die Knollen schälen, sehr fein und gleichmäßig würfeln. Die Würfel in kochendes Salzwasser geben und etwa 5 Minuten blanchieren, anschließend in Eiswasser abschrecken und abtropfen lassen. Die Rote-Bete-Würfel unter die Rote-Bete-Creme heben.

Für die Zwiebelringe die Zwiebeln schälen und in sehr dünne Scheiben schneiden. Für etwa 15 Minuten in Eiswasser geben. Anschließend abtropfen lassen und trocken tupfen.

ANRICHTEN: Jeweils eine eingelegte Rote-Bete-Scheibe mittig mit einem Tupfer Röstzwiebelcreme und einem Tupfer Tatar füllen. Am besten geht das mit einem Spritzbeutel. Die Rote-Bete-Scheibe von drei Seiten aus nach oben zur Mitte zusammenfalten, sodass kleine Dumplings entstehen. Die Gemüseseiten haften gut aneinander, wenn jeweils eine Seite leicht feucht ist. Mithilfe eines Servierrings die Rote-Bete-Creme kreisförmig auf je einem Teller anrichten. Mittig jeweils ein warmes, konfiertes Eigelb auf die Creme setzen. Jeweils 3 Dumplings um das Eigelb herum auf der Creme platzieren. Einige Zwiebelscheiben und etwas Buchweizencrunch zwischen den Dumplings verteilen. Das Eigelb leicht salzen. Die Dumplings direkt servieren und genießen.

ENTRECÔTE

MIT GEBACKENER BETE, PETERSILIENÖL UND GEBEIZTEM EIGELB

FÜR 4 PORTIONEN ALS HAUPTGERICHT

ZUTATEN

FÜR DAS GEBEIZTE EIGELB:
- 1 Ei (Größe M)
- 120 g Salz
- 80 g Zucker

FÜR DEN BUCHWEIZEN-ZITRONEN-CRUNCH:
- 80 g Buchweizen
- ½ Bio-Zitrone
- Salz

FÜR DIE GEBACKENE ROTE BETE:
- 8–10 kleine Rote Bete (800–1000 g)
- 500–1000 g grobes Meersalz (je nach Form)
- Abrieb und Saft von ½ Bio-Zitrone
- 5 EL Olivenöl
- Salz
- Pfeffer

FÜR DAS ENTRECÔTE:
- 4 Entrecôtes (à ca. 200 g)
- 4 EL Sonnenblumenöl
- Salz

FÜR DEN ROTE-BETE-SUD:
- 1 kg Rote Bete
- Salz

ZUBEREITUNG

Am Vortag das gebeizte Eigelb herstellen. Dafür das Ei trennen, das Eiweiß anderweitig verwenden. Salz und Zucker in einer kleinen Schale vermischen. Das Eigelb vorsichtig hineingeben und mit der Salz-Zucker-Mischung bedecken, ohne es zu beschädigen. Im Kühlschrank 12 Stunden, am besten über Nacht, ruhen lassen. Anschließend die Beize aus Salz und Zucker abkratzen, das Eigelb unter Wasser abwaschen und 10–15 Minuten an der Luft trocknen lassen.

Für den Buchweizen-Zitronen-Crunch den Ofen auf 170 °C (Umluft) vorheizen und ein Backblech mit Backpapier auslegen. Den Buchweizen darauf verteilen und im heißen Ofen etwa 7 Minuten rösten. Dann abkühlen lassen. In der Zwischenzeit die Schale der halben Zitrone abreiben. Den Buchweizen mit etwas Salz und Zitronenschale mit einem Messer oder Blitzhacker fein hacken, bis beinahe ein Pulver entsteht. Nochmals mit Salz abschmecken. Alternativ können, wie auf dem Bild zu sehen, auch Buchweizenchips gebacken werden (siehe Upgrade-Tipp auf der nächsten Seite).

Für die gebackene Rote Bete den Ofen auf 180 °C (Umluft) erhöhen, die Knollen waschen und das Salz in eine flache Auflaufform geben. Die Knollen samt Schale auf das Meersalzbett setzen und im heißen Ofen etwa 2 Stunden garen. Je nach Größe der Knollen kann die Garzeit variieren. Die Beten sollen weich sein, aber auch noch leichten Biss haben.

In der Zwischenzeit das Entrecôte aus dem Kühlschrank nehmen und auf Teller legen, damit das Fleisch Raumtemperatur annehmen kann.

Für den Rote-Bete-Sud die Rote Bete schälen, entsaften und den Saft offen langsam einköcheln lassen, bis er nur noch 10 Prozent der ursprünglichen Menge einnimmt. Mit etwas Salz abschmecken und warmhalten.

Weiter geht's auf der nächsten Seite.

FÜR DIE MERINGUE:
2 Eiweiß (siehe Füllung)
70 g Zucker

FÜR DEN LEMON CURD:
200 ml Zitronensaft
250 g Zucker
9 Eigelbe (Größe M)
50 g Butter

FÜR DIE KANDIERTEN ZITRONENSCHALEN:
1 mittelgroße Bio-Zitrone
250 g + 100 g Zucker

AUßERDEM:
Tarteform (22–24 cm Durchmesser)
Fett und Mehl für die Form
Backpapier (rund zugeschnitten; 22–24 cm Durchmesser)
Hülsenfrüchte
Sahnespender
2 Stickstoffkapseln

Den Tarteboden aus dem Ofen nehmen, das Backpapier und die Hülsenfrüchte entfernen, den vorgebackenen Teig mit dem verquirlten Ei bepinseln und weitere 3–4 Minuten backen, bis der Boden eine goldene Färbung bekommt. Herausnehmen und abkühlen lassen. Den Ofen auf 120 °C (Umluft) reduzieren. Dann die Füllung auf dem Tarteboden verstreichen und die Tarte weitere 30-40 Minuten backen, bis die Masse gestockt ist. Anschließend aus dem Ofen nehmen und abkühlen lassen.

In der Zwischenzeit für die Meringue die beiden Eiweiße cremig steif schlagen, sie sollten nicht zu fest sein. Den Zucker mit exakt 36 ml Wasser in einen Topf geben und auf 123 °C (Thermometer!) erhitzen. Den flüssigen Zucker in den Eischnee einlaufen lassen und kalt schlagen, bis sich Ei und Zucker zu einer Meringuecreme verbinden. Bis zur Verwendung kühl stellen.

Für den Lemon Curd den Zitronensaft mit dem Zucker und den Eigelben verrühren. Über dem warmen Wasserbad auf mindestens 80 °C erhitzen, für mindestens 3 Minuten bei dieser Temperatur mit dem Schneebesen schlagen. Die Eiercreme ist fertig, wenn man einen Holzlöffel hineinsteckt, gegen die anhaftende Creme pustet und dabei ein rosenförmiges Muster zurückbleibt (zur Rose abziehen). Die Creme durch ein Sieb passieren und auf ca. 30 °C herunterkühlen. Die Butter in einem Topf bei niedriger Hitze lauwarm schmelzen lassen und gleichmäßig unter die Eiermasse einarbeiten. Die Zitronencreme in einen Sahnespender (Sahnesyphon) geben, mit 2 Stickstoffkapseln bestücken und bis zur Verwendung kühlen.

Für die kandierten Zitronenschalen die Schale mit einem Sparschäler entfernen, in feine Streifen schneiden, viermal kurz in kochendem Wasser blanchieren. 250 g Zucker mit 250 ml Wasser in einem Topf geben und kurz aufkochen. Die Zitronenschale in den Läuterzucker geben und darin köcheln lassen, bis sie glasig sind. Abtropfen lassen, noch heiß in 100 g Zucker wälzen und darin auskühlen lassen.

ANRICHTEN: Die Rote-Bete-Tarte in kleine Portionen schneiden und jeweils ein Stück auf einem Dessertteller setzen. Die Meringue punktweise mit einer Spritzflasche auf der Tarte anrichten. Den gekühlten Lemon Curd mithilfe des Sahnespenders neben die Tarte spritzen. Etwas Zitronenöl und Rote-Bete-Chips darüber geben. Die Tarte mit kandierten Zitronenscheiben dekorieren und direkt servieren.

TOM ELSTERMEYER

»WIR KOCHEN DAS, WO WIR **BOCK DRAUF** HABEN!«

TOM ELSTERMEYER
IKO | OSNABRÜCK

DILL EIER
KATSUOBUSHI
SPECK
KARTOFFELN

DILL
EIER
KATSUOBUSHI
SPECK
KARTOFFELN

1

Kartoffel-spaghetti

mit Ei und Katsuobushi

2

Bauernfrühstück

im neuen Look

3

Kleine Pellkartoffeln

mit würziger Hefebutter

2 BONUSZUTATEN JE GERICHT

Apfelessig und Zucker

Gewürzgurken und Milch

Hefe und Butter

RESTAURANT-KÜCHE FÜR ZU HAUSE

Tom Elstermeyer macht in Osnabrück das, wovon viele junge Köche träumen: Nach fast 20 Lehr- und Wanderjahren in den besten Häusern Europas, darunter zum Beispiel im »Viajante« in London sowie auch bei den Spitzen- und Fernsehköchen Frank Rosin und Christian Rach, hat Tom Elstermeyer sein eigenes Restaurant eröffnet: Das »iko« in der niedersächsischen 160.000-Einwohner-Stadt Osnabrück.

»Wir kochen das, wo wir Bock drauf haben!«

Fast ein wenig versteckt hat er sich hier mitten im Wohngebiet, etwas außerhalb der Innenstadt, im Stadtteil Lüstringen seinen eigenen Laden eingerichtet. Alles ist dunkel gehalten, die Wände bewusst in einem tiefen Blauton gestrichen, die Tischkanten der Echtholz-Platten sind leicht angeschrägt, alles wirkt heimelig, gemütlich und warm. Was auf dem Teller landet? Schwer einzugrenzen. »Wir kochen das, wo wir Bock drauf haben!« – diesen Satz hören fast alle Gäste, die zum ersten Mal ins »iko« kommen. Mal steht dahinter eine laute, mal eine leisere Küche. Man könnte aufgrund von immer wiederkehrenden Produkten wie Katsuobushi (getrocknete Bonitoflocken aus dem Asien-Laden), Soja, Miso und Algen auf die Idee kommen, dass Toms Küche asiatisch angehaucht ist. Doch er kocht weder japanisch noch koreanisch oder europäisch. Er bringt von allem ein bisschen auf den Teller und bedient sich unterschiedlichsten internationalen Einflüssen, die er als Koch kennen und lieben gelernt hat. Es ist die Selbstbestimmtheit, die Toms Küche maßgeblich prägt: Erfahrungen, Intuition und der eigene freie Stil – das ist der »iko«-Style.

Die kreative Freiheit macht im »iko« übrigens auch vor den Tellern keinen Halt: Denn Tom töpfert selbst. Während seiner Zeit als Supperclub-Betreiber hat er in Berlin mit dem Töpfern begonnen. Damals allerdings eher aus der Not heraus: Denn hippes und angesagtes Geschirr für zehn oder zwölf Gänge geht ins Geld. Also ging er in den Bastelladen, besorgte sich Ton, besuchte einen Workshop, schaute sich einige Youtube-Videos von bekannten Töpfer-Meistern an und legte einfach los. Ohne Drehscheibe, einfach auf der Arbeitsplatte und von Hand – Freestyle eben. Mal kommen beinahe akkurat geformte, mal ganz bewusst unebene Teller und Schalen dabei heraus. Der Look ist wiedererkennbar und mittlerweile fest mit Toms Küche verbunden. Für einige Gänge fertigt er Teller, Schalen und Schüsseln sogar ganz gezielt an, wie er es braucht. »Das bekomme ich in keinem Katalog«, sagt er, schmunzelt und zuckt mit den Schultern. Auch eine Art Freiheit, die er jetzt leben kann. So sind zum Beispiel die kleinen Plateau-Teller entstanden, auf denen er gerne kleine Vorspeisen, wie die Pellkartoffeln mit Hefebutter (s. Seite 190) reicht. Das Essen kommt so leicht erhöht, wie auf einer kleinen Mini-Etagere, zum Gast. Logisch, dass sich im »iko« alle über das Geschirr unterhalten: Es ist Teil des Konzepts – und wir wissen alle: Das Auge isst mit.

Legen wir los mit unseren fünf Zutaten. Tom hat sich für Kartoffeln, Eier, Dill, Speck und Katsuobushi entschieden. Für ihn ein absolut authentischer Warenkorb: Denn jeden Gang, den Tom damit kocht, hat es so bereits in seinem Lokal auf der Karte gegeben. Das zeigt übrigens ganz nebenbei auch: Hier geht es um Fokus. Um ein paar wenige Produkte, die aber mit voller Kraft und Aromatik im Mittelpunkt stehen. Einfach, aber richtig gut.

Es ist Montagmorgen. Das Restaurant bleibt heute geschlossen. Wir haben also ganz entspannt Zeit, die Küche für unser Projekt in Beschlag zu nehmen. Die Musik läuft und wir starten mit dem ersten Teller: eine süß-saure Kartoffel-»Carbonara« mit geröstetem Speck, krossem Spiegelei und Dill. Wer mag, verfeinert das Ganze noch mit frisch geriebenem, gebeiztem Eigelb. Klingt ausgefallen, ist aber tatsächlich alltagstauglich. Und Vorsicht: mit leichtem Sucht-Potenzial inklusive – ich spreche da aus eigener Erfahrung … Wie so viele Rezepte in diesem Buch zeigt auch dieses, wie spannend es sein kann, bekannte Zutaten einfach mal anders zu verarbeiten. Denn bis auf die Bonitoflocken dürfte jeder Hobbykoch alle Zutaten mehr oder weniger standardmäßig zu Hause haben.

GEMÜSENUDELN

Zucchini, Gurken, Möhren, Kohlrabi, Süßkartoffeln und Kartoffeln haben etwas gemeinsam: Sie alle lassen sich mithilfe eines Spiralschneiders zu Spaghetti verarbeiten. Das ist nicht nur angesagt, sondern schmeckt vor allem spannend: Eine bekannte Textur mit neuem Geschmack.

Klingt ungewöhnlich? Schmeckt aber sensationell!

Die Kartoffeln werden mithilfe eines Spiralschneiders zu langen Spaghetti verarbeitet. Der Clou: Sie werden nicht einfach nur in Wasser oder Brühe gekocht, sondern in einem Mix aus Apfelessig und Zucker (die beiden Bonuszutaten für den ersten Teller) süßsauer zubereitet. Klingt ungewöhnlich? Schmeckt aber sensationell! Während die Kartoffelnudeln vor sich hin köcheln, nutzt Tom die Zeit, um die Sauce vorzubereiten. Dazu wird frisches Eigelb verquirlt und leicht gesalzen. Theoretisch könnte man es so schon verwenden und nach dem Kochen unter die warmen Kartoffelnudeln heben – fertig! Doch in unserem Fall kommen noch die würzigen Bonitoflocken ins Spiel. Der getrocknete und geräucherte Bonito (eine Thunfisch-Art) bringt einen salzigen, aber auch umamihaltigen Geschmack mit, der die Eigelbsauce besonders intensiv und würzig werden lässt. Tom rührt die Flocken, die aus der japanischen Küche übrigens nicht wegzudenken sind, mit wenig warmem Wasser an und mischt den Ansatz mit dem Eigelb – fertig ist die Sauce! Eine 3-Minuten-Sache.

»Das wird extrem knusprig, super geil.«

Den Speck röstet er ganz klassisch ohne zusätzliches Fett in der Pfanne. Für das Spiegelei hat er noch einen Geheimtipp: »Die Pfanne muss richtig heiß sein!« Erst dann kommt das Pflanzenöl in die beschichtete Pfanne und das Ei gleitet vorsichtig hinein. »Es muss zu Anfang richtig heiß sein, dann kann man die Hitze schnell reduzieren«, erklärt der erfahrene Koch. Wozu die hohen Temperaturen gut

sein sollen? Man sieht es schon: Im Eiweiß entstehen feinste, kleine Bläschen, in denen die warme Luft gespeichert wird. »Das wird extrem knusprig, super geil«, sagt Tom. Man merkt, dass er die krossen Spiegeleier liebt: »Ich habe mal mit einem Kollegen überlegt, was wir nur aus diesem super-knusprigem Eiweiß machen können«, erzählt er. Der Kollege ist übrigens Mitja Birlo, 2-Sternekoch aus Vals in der Schweiz, der auch in diesem Buch kocht. Tom und Mitja haben zusammen im »Viajante« in London gekocht und tauschen sich bis heute regelmäßig über ihre neuesten kulinarischen Kreationen und Ideen aus, die sie demnächst mit auf ihre Karten nehmen wollen.

Zurück zum Spiegelei: Das Eiweiß ist inzwischen knusprig ausgebacken, das Eigelb in der Mitte noch beinahe flüssig – wie es sich gehört. Wer das Ganze zu Hause nachmachen möchte, darf nicht vergessen, die Hitze nach dem ersten Wärmeschub in der ersten Minute rasch zu reduzieren. Nur so gelingt das Spiegelei. Jetzt geht es ans Anrichten: Die Kartoffelnudeln abgießen, mit der Katsuobushi-Eigelb-Sauce gut vermengen und mittig auf den Teller setzen. Spiegelei obendrauf, gerösteten Speck und Dill außen drum herum – fertig ist der erste Gang!

Während ich die Kartoffelnudeln noch für das Rezept fotografiere, bereitet Tom schon mal alles für Teller Nummer zwei vor: Es gibt ein Bauernfrühstück. Natürlich neu konstruiert – wie es sich für ein Spitzenrestaurant gehört. Tatsächlich gibt es das in der gehobenen Küche sehr häufig: Bekannte Klassiker dienen als Vorlage und der Koch bringt das Gericht in eine neue Form. Das Geschmacksbild und die Aromatik bleiben erhalten – nur Texturen und Zubereitungen variieren und sorgen für ein neues Ergebnis.

KULINARISCHER AUSTAUSCH

Was sich aus dem knusprigen Eiweiß eines richtig guten Spiegeleis zaubern lässt – darüber haben sich Tom Elstermeyer und Mitja Birlo kürzlich ausgetauscht. Tatsächlich gibt es kaum Geheimnisse im Küchenalltag: Man kennt sich, man hilft sich. Jeder hat seine eigene Handschrift.

Anstelle von Pellkartoffeln verwendet Tom einen cremigen Kartoffelschaum. Das klingt abgedrehter als es ist: Kartoffelpüree wird mit Milch verflüssigt, in einen Sahnespender gefüllt, zweimal geschüttelt und fertig ist der Schaum! Den Hokuspokus macht allein der Stickstoff, der je nach Flüssigkeitsmenge über ein oder zwei Kapseln in den Sahnespender gegeben wird. Das auch als Sahnesyphon bekannte Gerät ist für ambitionierte Hobbyköche durchaus sinnvoll. Gleichzeitig ist es auch noch erschwinglich – also definitiv eine Investition wert.

Anstelle von gestocktem Rührei, das wir vom Bauernfrühstück kennen, greift Tom zum Onsen-Ei. Es wird für 2 Stunden und 30 Minuten bei 62,5 Grad im heißen Wasserbad (Sous-vide-Gerät) gegart und ist anschließend wunderbar cremig. Wer kein zirkulierendes Wasserbad hat oder nicht so lange warten möchte,

kann alternativ auch ein pochiertes Ei oder ein 6-Minuten-Ei zubereiten. So fein wie das Onsen-Ei sind diese beiden Alternativen zwar nicht, aber sie haben alle eine ganz wesentliche Eigenschaft: cremig-weiches Eigelb. Fehlen noch knusprige Speckwürfel und – sehr spannend! – die Gurken-Granita. Tom hat die Gewürzgurken für seine Definition des Bauernfrühstücks entsaftet und einfach eingefroren. Mit einer Gabel kratzt er die gefrorene Gurkenmasse portionsweise ab und gibt die Granita zu dem warmen Kartoffelschaum und dem Onsen-Ei. Jetzt heißt es schnell sein: Noch ein paar Tropfen Dillöl dazu, mit ein paar Dillspitzen dekorieren und dann ab vor die Kamera und rasch in den Mund, ehe unsere Gurken-Granita schmilzt ... sensationell!

Und schon sind wir bei Teller Nummer drei. Es sind die bereits erwähnten Pellkartoffeln, die noch warm in feine Stücke gebrochen auf einer cremigen Hefebutter serviert werden – im »iko« meist auf besagten Plateau-Tellern, die Tom extra für seine kleinen Vorspeisen passgenau getöpfert hat. Kartoffeln, Butter und Hefe – ein ganz besonderer, fast außergewöhnlicher Geschmack! Denn wer erwartet schon Hefe zu Kartoffeln? Oder Butter, in die frische Hefe anstelle frischer Kräuter eingearbeitet ist? Aber das Spiel funktioniert! Tatsächlich verstärkt die Hefe den natürlichen Kartoffelgeschmack und bringt zusammen mit dem Fett aus der Butter eine gefühlte Cremigkeit und Mundfülle ins Spiel. Ausprobieren lohnt sich – auch wenn es zunächst fremd klingen mag! Die Butter wird im ersten Schritt zu brauner Nussbutter verarbeitet, dann bröckelt man die Hefe hinein und kocht beides zusammen unter Rühren auf. So sterben die Hefepilze ab und die Hefe wird bekömmlicher – genau der Prozess, der sonst beim Brotbacken im Ofen passiert.

Ein absolut überraschender Gang, der sich auch zu Hause problemlos umsetzen lässt.

Tom kombiniert fein geschnittenen Schinkenspeck, etwas frisch ausgebackenes Kartoffelstroh und die Dillspitzen mit den Hefekartoffeln. Ein absolut überraschender Gang, der sich auch zu Hause problemlos umsetzen lässt. Und sollte etwas Hefebutter übrig bleiben, ist das vielleicht die Einladung für eigene Experimente: Wenn Pellkartoffeln gut passen – was könnte wohl noch harmonieren? Ei? Oder Nudeln? Einfach mal ausprobieren und Schritt für Schritt herantasten!

HEFE-BUTTER?!

Eine Butter, in die Hefe gemixt wird? Ganz richtig! Und es schmeckt - ganz wunderbar sogar. Die Butter wird geschmolzen, die Hefe hinein gebröckelt. Einige Minuten köchelt die Hefebutter vor sich hin, sodass die Hefe abstirbt und nicht gärt, wie in einem Hefeteig. Zurück bleibt der fein-buttrig-hefige Geschmack, der Kartoffeln ein sensationelles i-Tüpfelchen aufsetzt!

KARTOFFEL-SPAGHETTI

MIT EI UND KATSUOBUSHI

ZUTATEN FÜR 4 PORTIONEN ALS VORSPEISE

ZUTATEN

FÜR DAS GEBEIZTE EIGELB:

60 g Salz
40 g Zucker
1 frisches Ei (Größe M)

FÜR DIE KARTOFFEL-SPAGHETTI:

8 große, festkochende Kartoffeln
4 EL Zucker
2 EL Salz
300 ml Apfelessig

FÜR DIE EIGELBSAUCE:

3 Eier (Größe M)
2 TL Katsuobushi (Bonitoflocken; aus dem Asien-Laden)
Salz

FÜR DIE SPIEGELEIER:

3 EL Sonnenblumenöl
4 Eier (Größe M)

AUßERDEM:

50 g Frühstücksspeck (in Scheiben)
1 kleines Bund Dill
Salz
2 TL Katsuobushi zum Anrichten

ZUBEREITUNG

Am Vortag für das gebeizte Eigelb Salz und Zucker in einer Schale vermischen. Das Ei trennen. Das Eigelb vorsichtig in die Mischung geben und damit bedecken. Das Eiweiß anderweitig verwenden. Über Nacht in den Kühlschrank stellen. Am nächsten Tag das Eigelb kalt abwaschen, vom Salz-Zucker-Gemisch befreien und bei Raumtemperatur 10–15 Minuten trocknen lassen. Durch das Beizen wird das Eigelb gegart und fest, sodass es später wie Käse über die Nudeln gerieben werden kann.

Für die Kartoffelspaghetti die Kartoffeln schälen und mit einem Spiralschneider zu Spaghetti verarbeiten. Die Kartoffelspaghetti mit kaltem Wasser waschen, um einen Teil der Stärke auszuwaschen. Dann in einen Topf geben und zur Hälfte mit Wasser bedecken. Zucker, Salz und Apfelessig zugeben und alles vorsichtig vermengen. Die Spaghetti zum Kochen bringen und 20–35 Minuten bei mittlerer Hitze kochen lassen. Sie sollten nicht zu weich werden und noch einen leichten Biss behalten. Anschließend abgießen, gut abtropfen lassen und warmhalten.

Für die Eigelbsauce die Eier trennen. Das Eiweiß anderweitig verwenden. Katsuobushi mit 4 EL Wasser glatt rühren und mit den Eigelben und 1 Prise Salz zu einer Sauce verrühren. Die warmen Kartoffelspaghetti mit der Eigelbsauce gut vermengen, nochmals mit Salz abschmecken und warmhalten.

Für die Spiegeleier das Öl in einer beschichteten Pfanne erhitzen. Die Eier in die heiße Pfanne aufschlagen. Sobald sich am Eiweiß feine Bläschen bilden, die Hitze auf mittlere Stufe reduzieren und die Spiegeleier fertig braten. Das Eigelb sollte cremig-weich sein.

Die Speckscheiben bei mittlerer Hitze in einer Pfanne ohne Fett knusprig braten und auf Küchenpapier abtropfen lassen. Den Dill abbrausen, trocken schütteln und in kleine Spitzen zupfen.

ANRICHTEN: Die Kartoffel-»Carbonara« mittig auf einen Teller geben. Spiegelei und Speck darauflegen und mit Dill und Katsuobushi garnieren. Zum Schluss das gebeizte Eigelb mit einer Reibe über die Spaghetti hobeln.

BAUERNFRÜHSTÜCK

IM NEUEN LOOK

ZUTATEN FÜR 4 PORTIONEN ALS VORSPEISE

ZUTATEN

FÜR DIE GEWÜRZGURKEN-GRANITA:

1 Glas Gewürzgurken (Abtropfgewicht: ca. 250 g)

FÜR DIE ONSEN-EIER:

4 Eier (Größe M)

FÜR DEN KARTOFFELSCHAUM:

8 große mehligkochende Kartoffeln

2 EL Salz

800 ml Milch

AUßERDEM:

50 g Frühstücksspeck

1 Bund Dill

Sahnespender (Sahnesyphon)

2 Stickstoffkapseln

ZUBEREITUNG

Am Vortag für die Granita die Gewürzgurken gut abtropfen lassen, entsaften und den Saft über Nacht in einer Form einfrieren. Wer keinen Entsafter hat, püriert die Gurken im Mixer und streicht die Masse durch ein feines Sieb. Am nächsten Tag die Gewürzgurken-Granita mithilfe einer Gabel aus der Form kratzen. Den so entstandenen Schnee zurück in das Eisfach stellen. So lässt er sich vor dem Servieren leichter aufkratzen.

Für die Onsen-Eier ausreichend Wasser in einem Wasserbad auf 62 °C erhitzen. Hierzu am besten ein passendes Gefäß mit einem Sous-vide-Stick verwenden. Die Eier vorsichtig in das Wasserbad geben, sie sollten großzügig mit Wasser bedeckt sein, und in 2 Stunden 30 Minuten garen. Wer kein Sous-vide-Gerät hat, kann die Eier auch einfach in 5–6 Minuten wachsweich kochen. Das Eigelb sollte schön cremig sein.

In der Zwischenzeit für den Kartoffelschaum die Kartoffeln schälen und in daumendicke Scheiben schneiden. Mit kaltem Wasser waschen, um sie von Stärke zu befreien, mit dem Salz in einen Topf geben und mit Wasser bedecken. Die Kartoffeln zum Kochen bringen und in ca. 35 Minuten weich kochen. Dann das Wasser abgießen und die Kartoffeln etwas ausdampfen lassen. Anschließend die Milch zugeben und alles mit einem Stabmixer glatt pürieren. Die Masse sollte eine fließfähige Konsistenz haben, ähnlich wie Joghurt. Den Kartoffelschaum mit etwas Salz abschmecken, in einen Sahnespender füllen, 2 Stickstoffkapseln zufügen und die Flasche schütteln. Bis zum Anrichten im Wasserbad warmhalten. Wer keinen Sahnespender hat, bereitet einfach ein Kartoffelpüree mit etwas weniger Milch zu.

Den Speck würfeln und in einer Pfanne ohne Fett bei mittlerer Hitze knusprig braten, anschließend auf Küchenpapier abtropfen lassen. Den Dill abbrausen, trocken schütteln und in kleine Spitzen zupfen.

ANRICHTEN: Die Eier kurz mit kaltem Wasser abschrecken, von der Schale befreien und je ein Onsen-Ei mittig in einen tiefen Teller geben. Mit dem Sahnespender eine gute Portion Kartoffelschaum auf die Eier geben. Mit Dillspitzen, geröstetem Speck und Gewürzgurken-Granita garnieren und servieren.

KLEINE PELLKARTOFFELN

MIT WÜRZIGER HEFEBUTTER

ZUTATEN FÜR 4 PORTIONEN ALS SNACK

ZUTATEN

FÜR DIE PELLKARTOFFELN:

8 kleine, festkochende Kartoffeln

1 EL Salz

FÜR DIE HEFEBUTTER:

100 g Butter

100 g frische Hefe

Salz

FÜR DAS KARTOFFELSTROH:

1 große, mehligkochende Kartoffel

300 ml Sonnenblumenöl

AUßERDEM:

1 Bund Dill

4 hauchdünne Scheiben Speck

1 TL Katsuobushi

ZUBEREITUNG

Für die Pellkartoffel die Kartoffeln in einen Topf geben, mit Wasser bedecken, das Salz zugeben und zum Kochen bringen. In ca. 30 Minuten garkochen. Anschließend abgießen.

In der Zwischenzeit für die Hefebutter die Butter in einen großen Topf geben und langsam erhitzen, bis sie beginnt zu schmelzen und zu bräunen. Dabei mit einem Schneebesen ab und zu umrühren. Die Hefe in die gebräunte Butter bröseln und mit dem Schneebesen zu einer homogenen Masse verrühren. Die Hefebutter für mindesten 30 Sekunden sprudelnd kochen lassen, um die enthaltenen Hefepilze abzutöten. Sollte sich die Hefe mit der Butter nicht homogen verbinden, einfach einen kleinen Schluck Wasser hinzugeben und weiter verrühren. Anschließend mit etwas Salz abschmecken.

Für das Kartoffelstroh die Kartoffel schälen, in streichholzdünne Stifte schneiden und mit kaltem Wasser abwaschen, um sie von der Stärke zu befreien. Die Stifte auf Küchenpapier abtropfen lassen und etwas trocken tupfen. Anschließend das Öl in einem Topf auf etwa 160 °C erhitzen. Es ist heiß genug, wenn an einem hineingehaltenen Holzlöffelstiel kleine Bläschen nach oben steigen. Die Kartoffelstifte im Öl in wenigen Minuten goldgelb und knusprig backen. Auf Küchenpapier abtropfen lassen. Den Dill abbrausen, trocken schütteln und in kleine Spitzen teilen. Den Speck in Stücke zupfen

ANRICHTEN: Jeweils 3 kleine Portionen Hefebutter mit einem Teelöffel auf einen Teller geben, die Pellkartoffeln aufbrechen und in Stücken darauf setzen. Den Speck auf die Kartoffeln legen. Alles mit Katsuobushi, Kartoffelstroh und Dillspitzen bestreuen und servieren.

SASCHA KEMMERER

BERGIDYLLE AUF DEM TELLER: DA ARBEITEN, WO ANDERE URLAUB MACHEN

SASCHA KEMMERER

KILIAN STUBA | HIRSCHEGG
KLEINWALSERTAL | ÖSTERREICH
1 MICHELIN-STERN

DREIMAL LACHS-FORELLE!

Sascha Kemmerer kocht da, wo andere Urlaub machen: Seit 2010 ist der 37-Jährige Küchenchef in der »Kilian Stuba« in Hirschegg, im österreichischen Teil der Allgäuer Alpen. Hochsaison ist für den aus Deutschland stammenden Sternekoch vor allem im Winter. Dann kommen Ski- und Snowboardfahrer, Schneeschuh-Wanderer und Naturfreunde aus ganz Deutschland, Österreich und der Schweiz ins Kleinwalsertal und genießen abends, nach kalten Schneetagen, ein warmes Menü im mehrfach ausgezeichneten Restaurant des luxuriösen 5-Sterne-»Ifen«-Hotels.

Ich besuche Sascha im Sommer. Komplett antizyklisch könnte man sagen. Doch wer ein paar Tage Ruhe und Natur sucht, der findet im Kleinwalsertal auch in der warmen Jahreszeit ein wunderschönes Fleckchen Erde: Kein Après-Ski-Halligalli und kein Hüttenzauber, kein dröhnendes Partyleben. Im Sommer sind es die Berge, die Namen wie Widderstein, Ifen und Güntlespitze tragen, der Duft nach Heu und die Stille, die nur vom Läuten der Kuhglocken unterbrochen wird, die die Urlauber ins Tal locken. Das Kleinwalsertal ist auch geografisch eine Besonderheit. Es liegt knapp zehn Kilometer vom bayerischen Oberstdorf entfernt, im österreichischen Bundesland Vorarlberg. Doch wer es von Österreich aus erreichen und nicht über die Berge kraxeln möchte, muss durch Deutschland fahren. Eine direkte Straßenverbindung ins Mutterland gibt es nicht, was unter anderem dazu geführt hat, dass vor der Einführung des Euros im Kleinwalsertal ganz offiziell mit der Deutschen Mark bezahlt wurde statt mit dem österreichischen Schilling.

Auch in gastronomischer Hinsicht schwankt das Kleinwalsertal zwischen Deutschland und Österreich: Denn die Restaurants im Tal sind die einzigen österreichischen Restaurants außerhalb von Wien

Seit 2012 wird das Gourmetrestaurant »Kilian Stuba« unter seiner Leitung konstant mit einem der begehrten Michelin-Sterne ausgezeichnet.

und Salzburg, die es überhaupt in den Guide Michelin schaffen können – und zwar in die deutsche Ausgabe. Denn in Österreich gibt es schon seit einigen Jahren gar keine eigene Ausgabe des renommierten Restaurantführers mehr. Lediglich die besten Restaurants aus den beiden großen und bedeutendsten Städten Salzburg und Wien tauchen im übergreifenden Guide »The Main Cities of Europe« auf. Ein Glück für Sascha Kemmerer, dass es ihn ausgerechnet ins Kleinwalsertal verschlagen hat: Seit 2012 wird das Gourmetrestaurant »Kilian Stuba« unter seiner Leitung konstant mit einem der begehrten Michelin-Sterne ausgezeichnet.

Zwei Welten auf einem Teller: Internationale Einflüsse und die Bergwelt des Walsertals.

Was dort auf den Teller kommt? Einflüsse aus vielen Richtungen! Denn Sascha Kemmerer kocht durchaus klassisch französisch – lässt sich in der Produktauswahl aber auch klar von seinen Lehr- und Wanderjahren und der direkten Umgebung im Tal inspirieren. Nach seiner Ausbildung im Sternerestaurant »Langers Schlemmerstuben« im bayerischen Obermaiselstein ging Sascha nach Sylt ins »Landhaus Stricker«, machte zwischendurch Halt im Allgäu (u.a. im »Landhaus Henze«), Salzburg und Deutschland und war gleich zweimal in Südafrika (»Bosman's Restaurant« im Grande Roche Hotel), bevor er schließlich wieder nach Österreich, diesmal ins Kleinwalsertal zurückkehrte.

Internationale Speisen und Produkte, wie Kalamansi-Mayonnaise, Wolfsbarsch aus Cadiz, iberischer Pancetta oder eine Limonenblatt-Koriander-Glace, tauchen auf seiner Karte genauso selbstverständlich auf wie lokale Produkte aus der direkten Umgebung. Darunter beispielsweise Walser Rehbock, Ländle-Joghurt, heimischer Seesaibling, Käse aus dem Kleinwalsertal und dem Bregenzer Wald. Sascha macht aus der Regionalität seiner Küche kein Dogma – ganz im Gegenteil: Er freut sich über all das, was er in guter Qualität vor Ort bekommt und bindet genau diese Produkte spannend und raffiniert in seine Menüs ein. Wo wir im Grunde schon die perfekte Überleitung zu Saschas Einkaufskorb für dieses Kapitel haben. Der spiegelt genau den regional-internationalen Mix wider, den auch seine Karte bietet.
Die Lachsforelle kommt direkt aus Heimertingen im nahegelegenen Allgäu – ein perfektes Fischfilet, das sich sowohl roh als Tatar, sanft gegart mit etwas Säure als Ceviche oder auch ganz klassisch, auf der Haut gebraten, verarbeiten lässt. Regional ist auch der Ländle-Joghurt: richtig schön cremig gerührt

und vom Bauern nebenan. Dazu hat sich Sascha Salatgurken, frische Minzblätter und geröstetes Sesamöl in den Korb gelegt. Ein Mix aus vielen leichten, wunderbar aromatischen Zutaten, mit denen sich drei ganz unterschiedliche Gerichte zaubern lassen!

ZUBEREITUNGEN HINTERFRAGEN

Hand aufs Herz: Die meisten Produkte bereiten wir zu Hause immer wieder gleich zu. Dabei ist es viel spannender, die Bandbreite der verschiedenen Zubereitungstechniken, Konsistenzen und Texturen voll auszuschöpfen.

Wir legen los. Doch bevor ich mich auf das Lachsforellen-Ceviche, unseren ersten Teller, konzentrieren kann, bleibe ich noch an dem riesigen Fenster hängen: Tageslicht und ein wunderschöner Bergblick – das ist in einer Restaurantküche tatsächlich mehr als selten! Viele Küchen sind komplett vom Tageslicht abgeschottet. Und die, die ein kleines Fenster haben, eröffnen den Mitarbeitern normalerweise keine idyllischen Aussichten. Im Ifen Hotel ist das anders. Es ist definitiv ein Privileg, wenn man in einer so gut gelegenen Küche mit so schöner Aussicht arbeiten darf. Nun aber genug der Schwärmerei – los geht's mit der Lachsforelle!

Manchmal reicht es, die Produkte einfach so stehen zu lassen, wie sie sind.

Sascha hat ein gutes Stück Filet auf seiner Arbeitsplatte liegen. Die Haut ist schon entfernt und er schneidet den Fisch in feine Streifen. Das spannende an diesem Rezept: Die Lachsforellenstreifen werden gleich noch gegart, aber weder auf dem Herd noch im Ofen oder im Sous-vide-Gerät. Die Garmethode seiner Wahl ist Säure! Sascha greift zu herkömmlichem Zitronensaft, der mit etwas Oliven- und Sesamöl zu einer Marinade verschlagen wird. Allein durch die Säure in der Marinade werden die fein geschnittenen Fischstücke garen. Tatsächlich passiert, chemisch betrachtet, durch die Säure aus der Zitrone etwas ganz Ähnliches, wie sonst durch warme Temperaturen auf dem Herd: Das Fischeiweiß wird denaturiert und gart. Zusammen mit den Fischstücken gibt Sascha noch eine seiner Bonuszutaten mit in die Marinade: fein geschnittene Radieschenscheiben. Auch sie verändern sich durch die Säure, werden schön weich und nehmen einen leicht-säuerlichen Geschmack an. Diese feine Note passt wunderbar zum Joghurt-Minz-Schaum und der Sesam-Gurken-Salsa. Eine schnelle und unkomplizierte Vorspeise, die sich mit weiteren Zutaten natürlich noch nach Herzenslust variieren lässt. Die Salsa kann zum Beispiel zusätzlich mit geröstetem Sesam oder etwas Limettenabrieb ergänzt werden. »Aber das braucht es gar nicht«, sagt der Sternekoch. Manchmal reicht es, die Produkte einfach so stehen zu lassen, wie sie sind. Vor allem dann, wenn so ein sensationeller Fisch im Spiel ist wie eine Lachsforelle aus kristallklarem Kleinwalsertaler Bergwasser. Wie gut, dass uns das schöne Tier auch bei den nächsten beiden Tellern weiterhin in der Hauptrolle begleitet!

Nach der Säure greift Sascha für seine zweite Garmethode zum Öl. Nein, es wird weder gebraten noch frittiert – das Schlüsselwort heißt Konfieren. Schon mal gehört? Tatsächlich verbirgt sich dahinter eine so geniale wie einfache Zubereitungsmethode für Fleisch, Fisch und Gemüse. Die Temperatur bleibt niedrig und das Produkt gart benetzt von Öl oder Butter im eigenen Saft. Der Temperaturunterschied

S. Kemmerer
Executive Chef

vom Konfieren (meist zwischen 70 und 80 °C) zum Frittieren (meist 160 °C aufwärts) ist sehr entscheidend: Bei den geringen Temperaturen nimmt die Lachsforelle das Fett nämlich nicht auf. Es dient vielmehr als Schutzfilm, der ganz nebenbei die Aromen des Produkts hervorhebt. Denn Aromen brauchen Fett, damit wir sie wahrnehmen und schmecken können. Sascha wählt eine sehr einfache Möglichkeit zum Konfieren: Er legt die Fischfilets auf einen Teller, benetzt den Fisch mit einer Mischung aus Oliven- und Sesamöl und überzieht alles mit einer Lage Klarsichtfolie. Dann kommt der Fisch bei 70 °C in den Ofen und gart schonend im Öl-Mantel vor sich hin. Durch das erzeugte Vakuum können weder Geschmack noch Aromen entweichen und alles bleibt dort, wo es hingehört: im Fischfilet. Übrigens: Klarsichtfolie darf auf 80 °C erhitzt werden und kann somit wunderbar als Utensil beim Konfieren genutzt werden. Wer größere Mengen konfieren möchte, kann auch einen Topf mit Öl erhitzen und das Gargut bei kleiner Hitze darin gar ziehen lassen. Das Öl lässt sich dabei problemlos mehrfach verwenden.

KONFIEREN

Beim Konfieren garen Fisch, Fleisch oder Gemüse besonders schonend und geschmackserhaltend im eigenen Saft. Eine größere Menge Öl dient dabei als Schutzfilm und Aromenträger.

»Ausprobieren ist immer gut.«

Die Lachsforelle serviert der Sternekoch im zweiten Gang zusammen mit Jalapeño-Gürkchen aus der Pfanne, einem schnellen Minzpesto und cremigem Ländle-Joghurt. Die Jalapeños sind für den zweiten Teller seine Bonuszutat, die etwas Biss und Schärfe mit ins Spiel bringt. »Man kann sie auch noch mit ins Pesto geben, dann wird es noch würziger«, empfiehlt Sascha. Und wer hat, kann auch hier wieder Sesam mit einbringen: einfach eine Handvoll in einer beschichteten Pfanne ohne Fett rösten und unter das Jalapeño-Gurken-Gemüse heben. Das gibt noch mehr Biss und Vielfalt auf dem Teller. »Ausprobieren ist immer gut«, ermuntert Sascha. Wer das nämlich regelmäßig tut, der merkt auch, wie schön man Dinge untereinander kombinieren und austauschen kann. So funktioniert das Minzpesto auch wunderbar als Saucenbasis für die Gurken-Salsa aus dem ersten Rezept … – probieren Sie es doch mal!

Weiter geht's mit Teller Nummer drei: Gebratenes Lachsforellenfilet in Minzöl mit Mango-Joghurt-Sauce und marinierten Gurkenspaghetti. Klingt edel, oder? Geht aber rasant schnell und ist deshalb ein perfekter Vorspeisen- oder auch Hauptspeisenkandidat für das nächste Essen mit Freunden. Sascha hat die gebratene Lachsforelle als Vorspeise oder Zwischengang eingeplant. Doch wer die Mengen ein wenig anpasst und vielleicht noch ein wachsweiches

Flexibel bleiben und neue Kombinationen wagen – so wird es nie langweilig!

6-Minuten-Ei und eine Handvoll gerösteten Sesam oder Kürbiskerne hinzugibt, landet im Nu bei einer üppigen Hauptspeise, die absolut alltagstauglich ist.

Die Lachsforellenfilets werden gesalzen und auf der Hautseite in Olivenöl gebraten. »Wenn ich Butter in den Zutaten hätte, würde ich Butter nehmen«, sagt Sascha und schmunzelt. »Dann wären wir fast bei einer Variante von Forelle Müllerin!« Aber auch das Olivenöl, das in seinem Einkaufskorb als Grundzutat enthalten ist, lässt sich gut mit Minzblättern aromatisieren. Die Blättchen kommen unmittelbar nach dem ersten Anbraten mit in die warme Pfanne, ziehen zusammen mit dem Fisch langsam gar und geben dabei ihr Aroma ab. Diese kühle Frische wird ergänzt durch die knackigen Gurkenspaghetti, die Sascha mit Olivenöl, Sesamöl und Zitrone abschmeckt. Mhmm ... wie das duftet! Wenn so kein Sommer aus der Pfanne schmeckt, dann weiß ich es auch nicht. Es kann eigentlich nur noch durch den fruchtigen Mango-Joghurt verstärkt werden, den Sascha hier als absolut schnelle und doch spannende Sauce vorschlägt. Einfach Mangochutney aus dem Feinkostregal im Supermarkt mit cremigem Joghurt verschlagen und schon kommt ein schöner Süße-Säure-Mix auf den Teller.

Und auch hier gilt wieder: variieren oder austauschen ist absolut erlaubt! Denn der Mango-Joghurt passt punktuell und in kleinen Mengen auch wunderbar zum Lachsforellen-Ceviche, wie auch zum konfierten Lachsforellenfilet. Vielleicht ist dieser abschließende Gedanke sogar mit der wichtigste, wenn es darum geht, auch mit wenigen Zutaten kreativ zu kochen: flexibel bleiben und neue Kombinationen wagen – so wird es nie langweilig!

LACHSFORELLEN-CEVICHE

MIT SESAM-GURKEN-SALSA, JOGHURT-MINZ-SCHAUM UND EINGELEGTEN RADIESCHEN

ZUTATEN FÜR 4 PORTIONEN ALS VORSPEISE ODER ZWISCHENGANG

ZUTATEN

FÜR DIE LACHSFORELLEN-CEVICHE:

1 Bio-Zitrone
Salz
Pfeffer
3 EL Olivenöl
1 EL geröstetes Sesamöl
240 g Lachsforellenfilet (Sashimi-Qualität)
8 Radieschen

FÜR DEN JOGHURT-MINZ-SCHAUM:

4 Stängel Minze
100 g Joghurt (3,5 % Fett)
Salz
1 EL Zitronensaft

FÜR DIE SESAM-GURKEN-SALSA:

1 kleine Salatgurke (ca. 200 g)
Salz
1 kleine Bio-Zitrone
2 EL geröstetes Sesamöl

ZUBEREITUNG

Für die Ceviche die Zitrone waschen, trocken reiben, die Schale abreiben und den Saft auspressen. Zitronensaft und -abrieb mit Salz, Pfeffer und beiden Ölen kräftig abschmecken und glatt rühren.

Das Lachsforellenfilet mit kaltem Wasser abbrausen, trocken tupfen und in feine Streifen schneiden. Die Radieschen waschen, trocken tupfen und hauchdünn hobeln. Beides mit der Marinade vermengen und ca. 5 Minuten gar ziehen lassen beiseite stellen.

Für den Joghurt-Minz-Schaum die Minze abbrausen, trocken schütteln und die Blätter abzupfen. Minzblätter mit Joghurt, 3–4 EL Wasser, 1 Prise Salz und Zitronensaft in einen hohen Rührbecher geben und mit einem Stabmixer schaumig aufmixen. Nach Bedarf nochmals abschmecken.

Für die Sesam-Gurken-Salsa die Gurke waschen, längs halbieren und fein würfeln. Die Gurkenwürfel salzen, 5–8 Minuten ziehen lassen und das dabei ausgetretene Wasser abgießen. Die Zitrone waschen, trocken tupfen und die Schale abreiben. Die Gurkenwürfel mit dem Zitronenabrieb vermengen, das Öl unterheben und alles mit einigen Tropfen Zitronensaft abschmecken.

ANRICHTEN: Die Ceviche abtropfen lassen und gleichmäßig auf 4 Tellern mit der Sesam-Gurken-Salsa und dem Joghurt-Minz-Schaum verteilen.

UPGRADE-TIPP: ***Etwas Süße gefällig? 1 Prise Zucker passt sowohl in die Ceviche-Marinade als auch – fein dosiert – in die Sesam-Gurken-Salsa. So wird der Säure aus der Zitrone etwas Süße entgegengesetzt.***

KONFIERTES LACHSFORELLENFILET

MIT JALAPEÑO-GURKEN, MINZPESTO UND LÄNDLE-JOGHURT

ZUTATEN FÜR 4 PORTIONEN ALS VORSPEISE ODER ZWISCHENGANG

ZUTATEN

FÜR DAS LACHSFORELLENFILET:

4 Lachsforellenfilets mit Haut (je 80–100 g)

3 EL Sesamöl

6 EL Olivenöl

FÜR DIE JALAPEÑO-GURKEN:

3 mittelscharfe Jalapeños

1 Salatgurke

2 EL Olivenöl

Salz

½ Limette

FÜR DAS MINZPESTO:

1 Bund Minze

3 EL Olivenöl

1 EL Sesamöl

½ Limette

6 kleine Gurkenscheiben (von den Jalapeño-Gurken)

Salz und Pfeffer

ZUM ANRICHTEN:

175 g Joghurt (3,5 % Fett)

1 EL Olivenöl

Salz

AUSSERDEM:

Klarsichtfolie

ZUBEREITUNG

Für das Lachsforellenfilet den Backofen auf 70 °C (Umluft) vorheizen. Den Fisch unter kaltem Wasser abbrausen, trocken tupfen und mit der Hautseite nach oben auf einen großen Teller legen. Sesam- und Olivenöl vermengen und die Filets großzügig mit der Ölmischung benetzen. Den Teller samt eingeöltem Fisch mit Klarsichtfolie abdecken und im warmen Ofen 8–10 Minuten sanft garen. Nach knapp 10 Minuten sollten die dünnen Filetstücke bereits glasig gegart sein, sodass sich die Haut leicht abziehen lässt.

Für die Jalapeño-Gurken die Jalapeños waschen, trocken tupfen, längs halbieren, die Kerne und Innenhäute entfernen. Die Jalapeños in kurze, feine Streifen schneiden. Die Gurke waschen, trocken tupfen, längs halbieren und mit einem Löffel die Kerne herauslösen. Die Gurkenhälften in ca. 0,5 cm dicke Scheiben schneiden. 6 kleine Gurkenscheiben für das Minzpesto zurückbehalten. In einer beschichteten Pfanne das Öl erhitzen und die Jalapeño-streifen darin kurz scharf anbraten. Die Gurkenscheiben dazugeben, die Hitze etwas reduzieren und das Gemüse 3–4 Minuten dünsten. Die halbe Limette auspressen. Die Jalapeño-Gurken mit Salz und Limettensaft abschmecken.

Für das Minzpesto die Minze waschen, trocken schütteln, die Blättchen abzupfen und mit den beiden Ölen vermengen. Die halbe Limette auspressen. Die zurückgelegten Gurkenscheiben zu der Minz-Öl-Mischung geben, den Limettensaft zugießen und alles im Standmixer zu einem feinen Pesto mixen. Mit Salz und Pfeffer abschmecken.

ANRICHTEN: Den Joghurt mit Öl und etwas Salz glattrühren und abschmecken. Jeweils 1–2 EL Joghurt auf einem Teller platzieren. Die Lachsforelle mit den Jalapeño-Gurken und dem Minzpesto darauf anrichten und direkt servieren!

UPGRADE-TIPP: ***Wer mag, nutzt auch noch 1–2 Jalapeñostreifen, um etwas Schärfe ins Spiel zu bringen.***

GEBRATENES LACHSFORELLENFILET

MIT MANGO-JOGHURT-SAUCE UND MARINIERTEN GURKENSPAGHETTI

ZUTATEN FÜR 4 PORTIONEN ALS VORSPEISE ODER ZWISCHENGANG

ZUTATEN

FÜR DIE MANGO-JOGHURT-SAUCE:

6 EL Joghurt (3,5 % Fett)

4 EL Mangochutney (Glas; aus dem Supermarkt)

½ Limette

Salz

FÜR DIE GURKENSPAGHETTI:

1 große Salatgurke

½ Bio-Limette

Salz

2 EL geröstetes Sesamöl

2 EL Olivenöl

FÜR DAS LACHSFORELLEN-FILET:

4 Lachsforellenfilets (ca. 80–100 g)

Salz

3 EL Olivenöl

4 Stängel Minze

AUSSERDEM:

Spiralschneider

ZUBEREITUNG

Für die Joghurt-Mango-Sauce den Joghurt mit dem Mangochutney verrühren. Den Saft der halben Limette auspressen. Die Sauce mit Limettensaft und Salz abschmecken.

Für die Gurkenspaghetti die Salatgurke waschen, trocken tupfen und mithilfe eines Spiralschneiders zu Spaghetti verarbeiten. Wer keinen Spiralschneider zur Hand hat, halbiert die Gurke längs und hobelt mit einem Gemüsehobel dünne »Tagliatelle« von der Gurke. Die halbe Limette waschen, trocken tupfen, die Schale abreiben und den Saft auspressen. Die Gurkenspaghetti mit Salz, den beiden Ölen sowie etwas Limettenabrieb und -saft abschmecken.

Für das Lachsforellenfilet den Fisch beidseitig leicht salzen und das Öl in einer beschichteten Pfanne erhitzen. Die Filets mit der Hautseite in die Pfanne geben und die Haut im heißen Öl kurz knusprig anbraten, dann die Hitze reduzieren und den Fisch in 5–6 Minuten sanft zu Ende garen. In der Zwischenzeit die Minze waschen, trocken schütteln, die Blätter abzupfen und zum Fisch mit in die Pfanne geben.

ANRICHTEN: Jeweils gut zwei Esslöffel Mango-Joghurt-Sauce mittig auf vier Tellern anrichten. Direkt darauf das frisch gebratene Lachsfilet mit der Hautseite nach oben setzen. Die Gurkenspaghetti leicht aufrollen und daneben setzen. Die Teller nach Wunsch mit einigen gebratenen Minzblättchen anrichten und direkt servieren.

UPGRADE-TIPP: ***Der Fisch kann auch gut in Minzbutter anstelle von Minzöl gebraten werden. Auch in Kombination funktionieren Olivenöl und Butter sehr gut: einfach 1 Flocke Butter zum Minzöl geben – so erhält der Fisch einen fein buttrigen Geschmack! Wer mag, gibt zu den Gurkenspaghetti noch etwas leichte Süße. Honig oder Ahornsirup passen wunderbar und ergänzen mit einer karamelligen Note den nussigen Geschmack des gerösteten Sesamöls – eine gute Alternative zu Zucker.***

ANDY VORBUSCH

MODERNE DESSERTS SIND ANDERS:
SÜSSLICH, CRUNCHIG, CREMIG UND MANCHMAL SALZIG

ANDY VORBUSCH

GRAND RESORT BAD RAGAZ | SCHWEIZ

3 MICHELIN-STERNE

ROTE BETE
ZARTBITTERSCHOKOLADE
BUTTER
ZIEGENKÄSE
WALNÜSSE

ROTE BETE
ZARTBITTERSCHOKOLADE
BUTTER
ZIEGENKÄSE
WALNÜSSE

1

Schokoladen-ganache

mit Walnusseis, Rote Bete und eingelegtem Senf

2

Rote-Bete-Cornet

mit Walnussschaum und Kaviar

3

Rote-Bete-Salat

mit Ziegenfrischkäse, Nussbuttereis und Walnuss-Vinaigrette

2 BONUSZUTATEN JE GERICHT

1	2	3
Apfelsaft und Senfkörner	Gelatine und Kaviar	Apfelsaft und Senfkörner

VON WEGEN ZUCKER-SÜSS

Dieses Kapitel ist anders. Anders als die anderen neun. Denn wie es sich für das letzte Kapitel in einem Kochbuch gehört, geht es um das süße Finale eines Menüs: das Dessert.

Und tatsächlich ist das Dessert in der Spitzenküche ein spezieller Fall. Sowohl inhaltlich als auch personell ist die Patisserie, so nennt man die Dessertabteilung in der Spitzenküche, komplett vom Rest der Küche getrennt – oft sogar räumlich. Die Patisserie startet mit den Vorbereitungen meist erst später, gegen frühen Nachmittag und bleibt nachts länger, wenn der Rest des Teams schon langsam Feierabend macht. Logisch: Die letzten Gänge können auch erst unmittelbar vor dem Servieren angerichtet werden. Und dann ist es nach einem 6-, 8- oder gar 10-Gang-Menü eben gern schon mal 23 oder 24 Uhr.

Wir haben es also mit einer ganz anderen Art zu kochen zu tun: andere Produkte, andere Zubereitungen, andere Köche, andere Ideen. Insofern haben wir auch die Grundzutaten Öl, Salz und Pfeffer für das süße Kapitel um Zucker, Milch, Sahne, Eier und Stärke erweitert. Denn wer süß denkt, kocht und backt, der bedient sich auch aus anderen Vorräten.

Für das Dessertkapitel habe ich Andy Vorbusch besucht. Er gehört zu den erfolgreichsten und bekanntesten Patissiers Deutschlands. Während seiner

Lehr- und Wanderjahre hat er unter anderem bei Küchengrößen und Namen wie Cornelia Poletto, Christian Bau und Helmut Thieltges gearbeitet. Besonders prägend für sein kulinarisches Schaffen gilt die Zeit bei 3-Sternekoch Joachim Wissler im »Vendôme« in Bergisch Gladbach.

Gemeinsam mit seinen Kollegen René Frank und Christian Hümbs gehört Andy Vorbusch zu einer Reihe von 3-Sterne-Patissiers, die die süße Küche in den vergangenen Jahren in Deutschland maßgeblich beeinflusst und durch ihre kulinarischen Kreationen und Ideen geprägt haben. Seit 2015 arbeitet Andy Vorbusch in der Schweiz. Zwei Jahre war er dort für die Patisserie des 5-Sterne-Luxus-Hotels »Dolder Grand« in Zürich tätig, wo ich ihn kurz vor seinem Wechsel als Chef-Patissier für das neue Gourmet-Restaurant von Sven Wassmer im «Grand Resort Bad Ragaz« auch besuche.

Das Finale eines Menüs ist süß, selten aber zuckersüß.

Rote Bete, Walnüsse, Zartbitterschokolade, Butter und Ziegenfrischkäse sind Andys Zutaten für dieses Kapitel, die schon beim bloßen Lesen ganz wunderbar zeigen, wie Patisserie auf Spitzen-Niveau funktioniert: Denn das Finale eines Menüs ist zwar auch in den besten Restaurants des Landes immer süßlich, aber selten zuckersüß.

Patissiers wie Andy Vorbusch suchen Produkte, die von Natur aus eine gewisse Eigensüße mitbringen. Der Vorteil: So entfällt zusätzlicher Zucker oder der Einsatz kann deutlich minimiert werden. Zugleich sind es in der Spitzengastronomie eben nicht nur Erdbeeren, Kirschen, Bananen, Schokolade und Vanille, die den Ton angeben. Immer wieder tauchen ganz bewusst auch Gemüse, Kräuter oder Gewürze auf, die man sonst eher in der salzigen Küche erwartet. So entsteht ein besonderes Spiel aus Aromen, Geschmäckern und Texturen, das sich bewusst von der salzigen Küche abhebt, aber eben niemals quietsche-süß endet und an Zuckerwatte oder Weingummi erinnert.

VOLLE LADUNG ZUCKER

Das war gestern! Die moderne Dessert-Küche versucht, mit so wenig Süßungsmitteln wie möglich auszukommen. Zunehmend rückt die Eigensüße von Früchten, aber auch von Gemüse in den Fokus: Wurzelgemüsesorten wie Möhren, Pastinaken und Rote Bete enthalten eine ordentliche Portion Süße, die zusätzlichen Zucker beinahe erübrigt.

Häufig wird in der Spitzenküche sogar mit zwei Dessert-Gängen gearbeitet: Einem sogenannten Pre-Dessert, das nach dem Hauptgericht die Brücke von der salzigen in die süße Dessertwelt schlägt und die verschiedenen Geschmäcker und Aromen verbindet. Erst danach folgt das Hauptdessert, mit dem der Gast schließlich in der süßen Welt angekommen ist.

Wobei die Süße in der modernen Patisserie eine Gratwanderung ist: Jeder Chef geht anders mit ihr um. Die einen erlauben sich mehr davon, die anderen weniger. So variieren Desserts in der Spitzenküche mitunter stark – je nachdem, wie der Patissier den Teller beziehungsweise die Kombination sieht. Ob harmonisch, ausgewogen oder eben ganz bewusst spannend und kantig.

An dieser Stelle kommt die Rote Bete aus Andys Einkaufskorb ins Spiel: Sie liefert erdige Aromen, pikante Assoziationen, aber auch spannende Noten von Lakritz und auf geschmacklicher Ebene unheimlich viel Süße. Wie übrigens sehr viele Wurzelgemüsesorten, die sich in der Erde durch den »hauseigenen« Zucker schützen und winterfest werden. Insofern entdeckt man Möhren, Pastinaken, Topinambur und Petersilienwurzeln durchaus häufiger auf Dessert- oder gar Kuchen-Karten.

SPANNUNG AUF DEM TELLER

Was ein Dessert aus der Spitzenküche vom Nachtisch im Landgasthof unterscheidet? Oft die gezielt erzeugte Spannung: In der Spitzengastronomie versucht man, durch neue Kombinationen und Texturen für neue Ess-Erlebnisse zu sorgen.

Auch der Ziegenkäse schafft den Spagat zwischen salziger und süßer Küche: Das zeigt bereits die häufig auftretende Kombination von Ziegenkäse mit Honig oder Ziegenkäse mit Trauben oder Himbeeren. Es wird schnell klar, dass es ein Produkt ist, das auf zwei Arten gleichermaßen gut funktionieren kann: mal salzig, mal süß – je nachdem, wie der Teller gedacht und komponiert ist.

Walnüsse passen in die gleiche Schublade: Wir finden die Kerne geröstet auf Salaten, in Kombination mit Gemüse oder Fisch, aber eben auch mit Schokolade, Quarkcremes und Kuchen. Herzhaft und süß – beide Wege sind möglich. Auch die Butter ist ein Allroundtalent, was die Einsatzmöglichkeiten im Menü angeht: Von der Vorspeise über die Hauptspeise bis zum Dessert kommt sie immer wieder zum Vorschein. Ganz gleich, ob salzig oder süß: Butter unterstützt die Komponenten durch ihr Fett. Sie trägt die Aromen und pusht das Ganze meist noch durch den feinbuttrigen Geschmack.

Insofern ist Andys Einkaufskorb alles andere als abgehoben: Es sind bekannte Zutaten, die der Spitzen-Patissier so einsetzt, dass sie mal gezielt in die süße Dessertwelt weisen, mal aber auch ganz bewusst zwischen süß und salzig hängen bleiben, wie zum Beispiel der Rote-Bete-Salat mit Walnuss-Vinaigrette und Ziegenkäse, das dritte Rezept in diesem Kapitel.

Andy Vorbusch

SPAGAT: VORSPEISE ODER DESSERT?

Gerade bei Käse-Desserts oder salzig angelegten Pre-Desserts sind die Übergänge zwischen pikanter und süßer Küche fließend. Da gilt: Erlaubt ist, was gefällt.

Andy Vorbusch sieht diesen Salat als typischen Fall für ein Pre-Dessert. »Es gibt aber sicherlich auch Menschen, die den Gang lieber als Vorspeise essen würden«, ist sich der Patissier sicher. Essen sei eine wahnsinnig subjektive Sache: »Da gibt es kein Richtig und kein Falsch!«

Von 100 Leuten würden vielleicht 80 mitgehen und den Gang als Dessert wahrnehmen. 20 wären vielleicht unsicher und würden sich eher in der salzigen Geschmackswelt wiederfinden. »Und das ist völlig okay«, bemerkt der mehrfach ausgezeichnete Patissier. Denn auch das kann ein gutes Menü erreichen: dass man sich darüber Gedanken macht, reflektiert, sich eine Meinung bildet. Und natürlich darf die sich von der des Kochs oder Patissiers unterscheiden.

Wir starten mit unserem ersten Dessert. Es ist beinahe klassisch, wie man es von zu Hause kennt.Allerdings nur in der ersten Zeile. Denn die Schokoladencreme mit Walnusseis wird bewusst anspruchsvoll und kantig mit gebackenen Rote-Bete-Würfeln, eingelegten Senfkörnern und einer Nussbutter-Emulsion vollendet.

Wer die Kapitel in diesem Buch bereits aufmerksam gelesen und nachgekocht hat, dem werden die gebackenen Rote-Bete-Würfel bekannt vorkommen: Mitja Birlo, 2-Sternekoch aus Vals in der Schweiz, hat die roten Knollen genauso zubereitet wie Andy Vorbusch jetzt für sein erstes Dessert. Die Knollen werden gewaschen und samt Schale auf ein Meersalzbett gesetzt. Im Ofen garen die Beten so im eigenen Saft. Die Feuchtigkeit tritt aus, Geschmack und Aromen verdichten sich unter der Schale und zurück bleibt eine intensiv schmeckende Rote Bete, die so stark reduziert ist, dass sie aromatisch tatsächlich an Lakritz erinnert. Et voilà: Schon sind wir mittendrin in der Dessertwelt! Denn Lakritz und Schokolade klingen schon gar nicht mehr so weit voneinander entfernt wie Rote Bete und Schokolade. Und dabei gibt es kaum einen Unterschied: Durch das Garen im Ofen offenbart sich die Verwandtschaft von Roter Bete und Lakritz. Hier existieren ganz klar ähnliche, wenn nicht gleiche Aromengruppen. Ein guter und wichtiger Hinweis darauf, dass sich beide entsprechend einsetzen und kombinieren lassen.

So schmeckt jeder Bissen anders.

Die beiden Hauptdarsteller für unseren ersten Teller sind also schon mal da. Nun werden sie durch das Walnusseis, die eingelegten Senfkörner und die Nussbutter-Emulsion punktuell ergänzt und neu in Szene gesetzt: Mal ein bisschen hiervon auf den Löffel, mal davon – so schmeckt jeder Bissen anders. Das Walnusseis ist schnell gemacht: Im ersten Schritt stellt Andy eine Walnussmilch her. Dazu werden die gerösteten Nüsse mit der Milch fein gemixt und durch ein Sieb gestrichen. Das kann man entweder mit einem Stabmixer oder noch besser mit einer leistungsstarken Küchenmaschine machen.

Die so entstandene Milch wird zur Basis für das Eis, das man bestenfalls mithilfe einer Eismaschine zubereitet, so wird es besonders cremig. Wer keine Eismaschine besitzt, kann die fertige Eismasse auch in eine gefrierfeste Form geben, sie zwei bis drei Stunden anfrieren lassen und zwischendurch immer wieder umrühren: So friert die Walnusscreme nicht einfach nur fest, sondern bleibt cremig, wie wir es für unser Eis haben möchten.

Die Senfkörner werden nur kurz in etwas Apfelsaft aufgekocht und sind dann einsatzbereit: »Ich verwende sie häufig«, sagt Andy. Und zwar gerade in seinem Bereich der Dessertküche: Denn die pikantscharfen und auch wieder süßlichen Akzente durch den Apfelsaft geben immer wieder Spannung auf dem Teller. Und das ganz ohne großen Aufwand.

Interessant ist auch die Nussbutter-Emulsion: Dazu gibt Andy frische Sahne in einen Topf, erhitzt sie auf kleiner Stufe und lässt sie unter Rühren so lange reduzieren, bis sie leicht fest wird und einen feinen buttrigen Geschmack annimmt. So lässt sie sich zu kleinen Nocken formen und auf die Schokoladencreme setzen. Gar nicht mal aufwendig, aber ein interessanter Effekt. Wer von allem ein bisschen auf dem Löffel hat, der spürt, wie die Nussbutter durch den hohen Fettanteil etwas Rundes, Mundfüllendes mitbringt und die verschiedenen Komponenten im Mund miteinander verbindet.

Deshalb: Bitte nicht vor Rote Bete, Senf und Nussbutter zurückschrecken, sondern ganz bewusst mal neue Wege gehen. Denn so kann auch zu Hause aus einer einfachen Schokoladencreme ein spannendes, leicht kantiges und anspruchsvolles Dessert auf Spitzenniveau entstehen.

Ganz bewusst mal neue Wege gehen.

Weiter geht's mit dem zweiten Rezept – einem echten Hingucker fürs Auge! Aus Rote-Bete-Saft, Zucker, Stärke und Salz stellt Andy ein rotes Esspapier her, das später als Waffel für einen Walnussschaum mit Kaviar-Topping dient. Klingt nicht ganz easy? Stimmt! Lohnt sich aber! Der einzige knifflige Teil ist eigentlich das Esspapier: Die flüssige, klebrige Masse wird noch warm auf eine Silikonmatte gestrichen. Darauf trocknet sie so lange, bis sie nicht mehr klebt, aber noch biegsam ist. In diesem Zustand werden aus dem hauchdünnen Rote-Bete-Papier kleine Tütchen, die man bestenfalls in ein passendes Glas hängt, in dem man die Cornets später auch gut servieren kann. Süßes Fingerfood quasi.

SENFKÖRNER RAFFINIERT EINSETZEN

Die kleinen Körner lassen sich in einer beliebigen Flüssigkeit kurz aufkochen und für wenige Minuten einweichen. Dann bringen sie punktuell spannende Akzente ins Dessert – oder auch in den Salat, ins Pfannengemüse oder auf das Carpaccio.

Für die Füllung kommt erneut eine Walnussmilch ins Spiel, nur dass sie jetzt nicht als Eis, sondern mithilfe eines Sahnespenders zu einem Schaum verarbeitet wird. In der modernen Patisserie ist ein Sahnesyphon kaum wegzudenken: Durch Stickstoff lassen sich Cremes beinahe in Sekundenschnelle zu fluffigen Schäumen verarbeiten. Das machen Köche und Patissiers sich gern zunutze, um ihre Teller mit verschiedensten Texturen und Konsistenzen zu spicken. Denn: Je abwechslungsreicher das Mundgefühl eines Gerichts, desto raffinierter nimmt man den Gang war. Da ist was los im Mund, da tut sich was, da bleibt es spannend!

Raffiniert ist auch das Topping, das Andy seinen kleinen Rote-Bete-Waffeln zu guter Letzt aufsetzt: Auf den kalten Walnussschaum gibt er eine kleine Portion Kaviar. Punktuell hat man so feine, salzige Akzente im Mund, die das geschmackliche Gesamterlebnis ganz bewusst etwas aus der süßen Welt herausreißen und so Spannung erzeugen.

Wer vor der Zubereitung des roten Esspapiers zurückschreckt, macht die Füllung kurzerhand zum Hauptdarsteller: Dazu einfach den Walnussschaum in kleine Dessertschalen geben und mit etwas Kaviar und Zartbitterschokolade anrichten. Dazu passen dann die feinen Rote-Bete-Würfel, wie sie schon im ersten Rezept auftauchen. Einfach punktuell einige rote Würfel auf den Schaum setzen und nach Wunsch mit gerösteten Walnusskernen bestreut servieren. Auch ein, zwei kleine Löffel von den eingelegten Senfkörnern würden wunderbar ins Bild passen und das Dessert vollenden.

Es lohnt sich, eigene Ideen mit einzubringen.

Das Beispiel zeigt: Es lohnt sich, eigene Ideen mit einzubringen. So bleibt Kochen spannend und es entstehen immer wieder neue Ideen. Am Ende sind Rezepte nur Wegweiser, Ideengeber, die im Prinzip dafür da sind, immer wieder neu gedacht und variiert zu werden.

Zurück in die Küche, wir starten mit unserem dritten Dessert: Andy hat alle Zutaten für den Rote-Bete-Salat mit Ziegenkäse, Nussbuttereis und Walnuss-Vinaigrette bereit gelegt. Und ja: Tatsächlich erinnert alles an diesem Dessert an die salzige Küche – selbst das Nussbuttereis würde problemlos in einer Vorspeise durchgehen. Und doch platziert Spitzen-Patissier Vorbusch diesen Teller bewusst als Dessert. Er spiegelt sehr schön wider, was sich gerade sehr häufig in der gehobenen Dessertküche beobachten lässt: Desserts sind nicht nur mächtig, sahne- und zuckergeladen, süß und cremig. Sie sind crunchig, leicht salzig und erinnern oftmals sogar nur dezent an die klassisch süße Dessertwelt.

Diese Art der Desserts ist die Antwort auf den allgemeinen Trend, Teller nicht zwingend mächtig und als überladene Kalorienbomben dastehen zu lassen. Nicht nur Vorspeisen und Hauptspeisen, auch Desserts kommen immer häufiger leicht daher, sodass man nach einem mehrgängigen Menü auch noch Lust hat, ein oder zwei Teller davon zu essen.

Der Rote-Bete-Salat ist ein Geheimtipp!

Ganz gleich, ob zu Beginn oder am Ende des Menüs: Der Rote-Bete-Salat ist ein Geheimtipp! Die Verbindung aus den gebackenen Rote-Bete-Knollen mit ihrem intensiv erdigen, fast lakritzähnlichem Geschmack mit den gerösteten Walnüssen, dem cremigen Ziegenkäse und schließlich dem intensiven Nussbuttereis ist eine aromatische Wucht. Ein perfektes Pre-Dessert, das nicht zu schwer daherkommt, ein wenig fordert, vor allem aber Lust auf mehr macht – und ganz sicher auch zum eigenen Weiterdenken und Experimentieren in der Küche anregt.

SCHOKOLADEN-GANACHE

MIT WALNUSSEIS, ROTE BETE UND EINGELEGTEM SENF

ZUTATEN FÜR 4 PORTIONEN ALS HAUPTDESSERT

ZUTATEN

FÜR DIE GEBACKENE ROTE BETE:

6 kleine Rote Bete
500 g Meersalz
Salz

FÜR DIE SCHOKOLADEN-GANACHE:

250 g Sahne
250 ml Milch
5 Eigelbe (Größe M)
50 g brauner Zucker
180 g Kuvertüre (70 % Kakaoanteil)

FÜR DAS WALNUSSEIS:

150 g Walnusskerne
1,1 l Milch
145 g Sahne
275 g Rohrzucker
4 Eigelbe (Größe M)
Salz

ZUBEREITUNG

Für die gebackene Rote Bete den Ofen auf 180 °C (Umluft) vorheizen, die Knollen waschen und das Salz in eine kleine, flache Auflaufform geben. 5 Rote-Bete-Knollen samt Schale auf das Meersalzbett setzen und im heißen Ofen etwa 1,5–2 Stunden mit der Schale garen. Bei sehr kleinen oder sehr großen Knollen kann die Garzeit variieren. Die Beten sollen weich sein, aber auch noch leichten Biss haben. Die Beten abkühlen lassen, schälen (Handschuhe!), fein würfeln und leicht salzen. Die übrig gebliebene Knolle schälen (Handschuhe!) und hauchdünn hobeln oder schneiden und in etwas leicht gesalzenem Wasser einlegen. Kurz vor dem Servieren in einem Sieb gut abtropfen lassen.

In der Zwischenzeit für die Schokoladenganache Sahne, Milch, Eigelb und Zucker in einer Schüssel mischen und vorsichtig im heißen Wasserbad auf 84 °C erwärmen. Die Kuvertüre sehr fein hacken und vorsichtig mithilfe eines Stabmixers untermengen. So lange mixen, bis die Schokolade vollständig geschmolzen ist. Die noch warme Creme in Schälchen oder Teller abfüllen und im Kühlschrank auskühlen lassen. 30 Minuten vor dem Servieren aus der Kühlung nehmen.

Für das Walnusseis die Walnusskerne in einer Pfanne ohne Fett rösten, bis sie duften, und noch warm mit der Milch mischen. Im Mixer pürieren, durch ein feines Sieb passieren und auffangen. Es sollten 900 ml Walnussmilch ergeben. Falls es weniger ist, mit Milch auffüllen. Die Walnussmilch mit der Sahne, dem Rohrzucker und dem Eigelb vermengen und 1 Prise Salz zugeben. Die Masse in einer Schüssel im heißen Wasserbad unter Rühren auf 80 °C erhitzen, mindestens 3 Minuten bei erreichter Temperatur weiter rühren und zur Rose abziehen (siehe Info »Zur Rose abziehen« auf S. 227). Die Creme nochmals abschmecken und in der Eismaschine unter Rühren in 30–60 Minuten gefrieren lassen.

Weiter geht's auf der nächsten Seite.

FÜR DIE EINGELEGTEN SENFKÖRNER:

200 ml Apfelsaft

40 g Senfkörner

FÜR DIE NUSSBUTTER-EMULSION:

250 g Sahne

AUßERDEM:

Eismaschine

Für die eingelegten Senfkörner den Apfelsaft in einen Topf geben, die Senfkörner zugeben, einmal aufkochen und abkühlen lassen. Dann in ein Sieb geben, gut abtropfen lassen und zum Anrichten bereitstellen.

Für die Nussbutter-Emulsion die Sahne im offenen Topf unter Rühren so lange einkochen, bis sich die Flüssigkeit abzieht und die Sahne nach brauner Butter schmeckt. Aufpassen, dass sie dabei nicht anbrennt. Abkühlen lassen.

ANRICHTEN: Die Schokoladenganache mit einigen Rote-Bete-Würfeln und etwa 4 hauchdünnen Rote-Bete-Scheiben anrichten. Jeweils eine Nocke Walnusseis und eine kleine Nocke Nussbutter-Emulsion neben die Bete setzen. Zwischendrin einige Senfkörner verteilen und das Dessert direkt servieren.

UPGRADE-TIPP: ***Wer hat, nimmt beim Anrichten noch feine, essbare Blüten oder feine grüne Blätter der Roten Bete, je nach Größe fein gezupft, hinzu.***

INFO »ZUR ROSE ABZIEHEN«: ***Der Begriff bezieht sich auf die Garprobe einer eihaltigen Creme, die häufig als Grundlage für selbstgemachtes Eis verwendet wird. Dazu wird ein hölzerner Kochlöffel in die Masse getaucht und gegen den Film am Kochlöffelrücken gepustet. Entstehen rosenförmige Strukturen, hat die Creme oder Sauce die gewünschte Konsistenz erreicht. Wer eine Küchenmaschine mit Wärmefunktion besitzt, kann auf die Probe verzichten: Die eihaltige Creme, die sonst im heißen Wasserbad cremig geschlagen wird, wird einfach bei 80 °C auf mittlerer bis hoher Stufe mindestens 5 Minuten cremig gerührt. Anschließend ist die Masse »zur Rose abgezogen«.***

ROTE-BETE-CORNET

MIT WALNUSSSCHAUM UND KAVIAR

ZUTATEN FÜR 4 PORTIONEN ALS HAUPTDESSERT

ZUTATEN

FÜR DAS ROTE-BETE-CORNET:

250 g Rote-Bete-Saft (wahlweise entsaftet aus etwa 750-1000 g Rote Bete)

100 g Zucker

25 g Stärke

Salz

FÜR DEN WALNUSS-SCHAUM:

150 g Walnusskerne

700 ml Milch

2 Blatt Gelatine

250 g Sahne

25 g Stärke

5 Eigelbe (Größe M)

FÜR DAS TOPPING:

2 TL Kaviar

30 g Zartbitterschokolade

AUßERDEM:

Sahnespender (Sahnesyphon)

1 Stickstoffkapsel

ZUBEREITUNG

Die Cornets am besten am Vortag zubereiten. Dafür Saft, Zucker und Stärke mit 1 Prise Salz kalt mischen und unter Rühren aufkochen. Danach komplett auskühlen lassen und mit einem Schneebesen glattrühren. Die Masse mithilfe eines Spatels dünn auf einer Backmatte aufstreichen und im Ofen, am besten über Nacht, bei 50-55 °C trocknen. Noch warm zu Hörnchen drehen.

Für den Walnussschaum die Walnusskerne in einer Pfanne ohne Fett rösten, bis sie duften. Noch warm mit der Milch vermengen und im Standmixer mixen. Durch ein feines Sieb passieren und die Milch auffangen. Es sollte 500 ml Walnussmilch ergeben. Ist es weniger gegebenenfalls mit Milch auffüllen. Die Gelatine in kaltem Wasser einweichen. Sahne, Stärke und Eigelbe mischen und unter Rühren aufkochen. Die Gelatine ausdrücken und in die warme, aber keinesfalls noch kochende Masse geben, gut unterrühren und den Sahne-Ei-Mix auskühlen lassen. Mit einem Stabmixer glatt mixen und in einen Sahnespender füllen, mit einer Stickstoffkapsel versehen und zweimal schütteln. Den Schaum mindestens 2 Stunden im Kühlschrank ruhen lassen.

ANRICHTEN: Die Rote-Bete-Cornets in ein passenden Glas einhängen und mit dem Walnussschaum füllen. Etwas Kaviar auf den Schaum geben und die Schokolade dünn mit einer Reibe über das gefüllte Cornet hobeln. Direkt servieren.

ROTE-BETE-SALAT

MIT ZIEGENFRISCHKÄSE, NUSSBUTTEREIS UND WALNUSSVINAIGRETTE

ZUTATEN FÜR 4 PORTIONEN ALS PRE-DESSERT

ZUTATEN

FÜR DIE ROTE BETE:

800 g Rote Bete (etwa 8-10 kleine bis mittelgroße Knollen)

1 kg grobes Meersalz

80 g Walnusskerne

6 EL Raps- oder Sonnenblumenöl

Salz

Pfeffer

2 EL Apfelsaft

FÜR DAS NUSSBUTTEREIS:

10 g Stärke

150 g Zucker

1 TL Salz

100 g Sahne

700 ml Milch

100 g Butter

FÜR DIE EINGELEGTEN SENFKÖRNER:

40 g Senfkörner

200 ml Apfelsaft

FÜR DEN ZIEGENFRISCHKÄSE:

400 g Ziegenfrischkäse

AUßERDEM:

Eismaschine

ZUBEREITUNG

Für die gebackene Rote Bete den Ofen auf 180 °C (Umluft) vorheizen, die Knollen waschen und das Salz in eine flache Auflaufform geben. Die Rote-Bete-Knollen samt Schale auf das Meersalzbett setzen und im heißen Ofen etwa 2 Stunden mit der Schale garen. Bei sehr kleinen oder sehr großen Knollen kann die Garzeit variieren. Die Beten sollten noch einen feinen Biss haben. Die Beten abkühlen lassen, schälen (Handschuhe!) und in feine Scheiben hobeln oder schneiden.

In der Zwischenzeit die Walnusskerne in einer Pfanne ohne Fett rösten, bis sie duften, fein hacken und abkühlen lassen. Die Walnusskerne mit dem Öl vermengen und mit Salz, Pfeffer und etwas Apfelsaft zu einer Vinaigrette abschmecken. Die Rote-Bete-Scheiben mit der Vinaigrette anmachen und 30–60 Minuten ziehen lassen.

Für das Nussbuttereis die trockenen Zutaten in einem Topf mischen. Sahne und Milch zugeben und unter Rühren einmal aufkochen. Die Butter separat in einem Topf schmelzen und dabei leicht braun werden lassen. Die Nussbutter durch ein Tuch passieren und unter den Sahne-Milch-Mix rühren. Die Creme in der Eismaschine unter Rühren in 30–60 Minuten gefrieren lassen.

Die Senfkörner mit dem Apfelsaft in einen Topf geben, zum Kochen bringen, 4–5 Minuten weich köcheln, abkühlen lassen und die Körner in einem Sieb abtropfen lassen.

ANRICHTEN: Die eingelegten Rote-Bete-Scheiben mit der Vinaigrette auf flachen Tellern anrichten. Den Ziegenkäse grob bröseln und auf der Bete verteilen. Mittig eine kleine Nocke Nussbuttereis anrichten, punktuell immer wieder einige Senfkörner aufsetzen und den Salat direkt servieren.

UPGRADE-TIPP: ***Wer mag, nimmt zum Anrichten kleine, essbare Blüten.***

TIPP: ***Das Dessert bewegt sich geschmacklich und aromatisch zwischen Hauptspeise und Dessert und verbindet die salzige mit der süßen Geschmackswelt. Es lässt sich deshalb toll als Pre-Dessert servieren!***

ÜBER DIE AUTORIN

Stefanie Hiekmann ist Food- und Gastrojournalistin und schreibt für verschiedene Zeitungen, Magazine und Verlage (u. a. Der Feinschmecker, Foodie, B-EAT, Welt am Sonntag, Frankfurter Allgemeine Sonntagszeitung) rund um die Themen Essen, Trinken, Ernährung, Gastronomie und Genuss. Für Kochbücher entwickelt sie nicht nur raffinierte und alltagstaugliche Rezepte, sie ist auch immer wieder in Restaurants und Küchen unterwegs, um Spitzenköchen bei ihrer Arbeit über die Schulter zu schauen. »Was können wir von Spitzenköchen für zu Hause lernen?« – diese Frage zieht sich wie ein roter Faden durch viele Bücher, Reportagen und Projekte der Osnabrückerin.

Ihre Bücher »Aufgedeckt: Die Geheimnisse der Spitzenküche« sowie »Nachgefragt: 30 Spitzenköche verraten ihre Küchengeheimnisse« (beide EMF-Verlag) sind mit der Silbermedaille der Gastronomischen Akademie Deutschlands (GAD) ausgezeichnet. Seit 2018 ist Stefanie Hiekmann Jurymitglied in der ZDF-Kochsendung »Stadt, Land, Lecker«.

DANKE

»Koch was draus! Was Spitzenköche aus 5 Zutaten zaubern« ist nach »Aufgedeckt: Die Geheimnisse der Spitzenküche« und »Nachgefragt: 30 Spitzenköche verraten ihre Küchengeheimnisse« bereits der dritte Titel in einer Reihe von Kochbüchern, in denen ich ganz gezielt schaue, was Hobbyköche von Spitzenköchen lernen können. Ich freue mich riesig, dass ich auch dieses Mal wieder so starke, ausgezeichnete und engagierte Spitzenköche und -köchinnen für mein Projekt gewonnen habe. Sie sind es, die so spannende Konzepte wie dieses erst möglich machen – ein herzliches Dankeschön dafür!

Außerdem möchte ich mich beim EMF-Verlag, insbesondere bei Marline Ernzer (Projektmanagement) und Michaela Zander (Grafik & Layout) sowie auch bei allen Partnern und Unterstützern bedanken, die dieses Projekt mit ermöglicht und mich auf der ziemlich genau einjährigen Strecke zu diesem schönen Buch begleitet haben – vielen Dank für ein so gutes Teamwork!

Und last, but not least geht ein herzliches Dankeschön an die Firma Allpax, Hersteller von Sous-vide-Sticks für den privaten Gebrauch, welche die Produktion dieses Buches durch Requisiten unterstützt hat.

REGISTER

A

B

C

D

E

F

G

T

W

Z

AUSGEZEICHNETE BÜCHER

Für noch mehr Küchengeheimnisse, Tipps und Tricks der Profis: »Die Geheimnisse der Spitzenküche« und »Nachgefragt« vereint die Crème de la Crème der Spitzengastronomie und deren beste Gerichte. Vom perfekten Steak bis zu Umami im Dessert. Aufregende Rezepte der Haute Cuisine, angepasst an die Alltagsküche. Prämiert mit der GAD-Medaille – für alle Fans der hohen Kochkunst!

Aufgedeckt – Die Geheimnisse der Spitzenküche – Die besten Rezepte einfach nachgekocht

978-3-86355-787-4

24.99 € (DE) / 25.70 € (AT)

Nachgefragt – 30 Spitzenköche verraten ihre Küchengeheimnisse

Mit Alfons Schuhbeck, Tim Raue, Roland Trettl, Sarah Henke, Christian Hümbs und mehr

978-3-96093-046-4

26.00 € (DE) / 26.80 € (AT)